Antonio Elster

Dipl. - Ing. Maschinenbau und
Kraftfahrzeugwesen

Gedruckte Zahlen-, Preis-, Adreß-, Verfahrens- und alle sonstigen Angaben und Darstellungen können sich schnell ändern, Fehler können geschehen und die persönlichen Ausgangs-voraussetzungen der Leser sind im Allgemeinen sehr verschieden. Daher dienen alle Angaben in diesem Buchtitel lediglich der Orientierung: Sie stellen keine Empfehlung oder Anleitung für konkrete Vorgehensweisen dar. Sie erheben keinen Anspruch auf Vollständigkeit. Und sie sind ausschließlich als unverbindliche Information zu verstehen, wobei der Leser in jedem Fall gebeten und gehalten ist, sich ausführlich weitergehend zu informieren. Die eventuelle Verwendung von hier beschriebenen Daten und Verfahren erfolgt auf eigenes Risiko. Eine Haftung des Autors und des Verlages für Personen-, Sach-, Vermögens- und alle anderen Schäden ist ausnahmslos ausgeschlossen. Druck- und andere Fehler bleiben vorbehalten.

Das Urheberrecht sowie sämtliche weiteren Rechte an diesem Buchtitel sind ausschließlich dem Autor vorbehalten. Jeder Fall

- von Nachdruck oder allen anderen Arten der Vervielfältigung,
- von vervielfältigter Zuverfügungstellung oder Inhaltsnutzung,
- von Zuverfügungstellung oder Inhaltsnutzung in elektronischen Medien wie, aber nicht beschränkt auf: Internet - einschließlich der auszugsweisen Textverwendung in Internet-Diskussionsforen -, Fernsehübertragungen, Radioübertragungen, Daten-Streams,
- von Übertragung auf elektronische Datenträger wie, aber nicht beschränkt auf: DVD, CD, Speicherkarte, Speicherbaustein, Computerfestplatte, Diskette, Magnetband,
- von Weiterverarbeitung oder Weiternutzung wie, aber nicht beschränkt auf: Übersetzung, Konvertierung in eine beliebige elektronische Form, Anfertigung einer elektronischen Datei, Verbreitung als Hard- oder Softcopy

dieses Buches, oder einzelner Teile daraus, **ist ausdrücklich nicht gestattet: Jeder Einzelfall der wie immer gearteten Nutzung von grafischen oder textlichen Inhalten ist ohne schriftliche Genehmigung des Autors unzulässig, strafbar, und wird sowohl strafrechtlich als auch zivilrechtlich verfolgt.**

Antonio Elster:
Verbraucherwarnung! Kaufen Sie kein Elektroauto.

© 2010 Antonio Elster. Alle Rechte vorbehalten. Erste deutsche Auflage. Titelbild/Einbandgestal-tung Antonio Elster. Herstellung und Verlag BOD GmbH, Norderstedt. ISBN 978-3-8391-6373-3. Printed in Germany 2010

Empfehlungen vor Ihrem E-Auto-Kauf

Für den Fall, daß Sie es versuchen möchten mit einem Elektroauto, empfehlen sich die folgenden Ratschläge vor der Unterzeichnung des Kaufvertrages. Sie ersparen sich möglicherweise viel Ärger und Enttäuschung.

1. **Verlassen Sie sich grundsätzlich nicht auf subjektive und relative Aussagen** und Zusicherungen des Verkäufers und der Prospekte. Formulierungen wie „Mehr als ausreichend", „schnell", „in kürzester Zeit", „...soundsoviel Prozent besser als..." und alle ähnlichen sollten Alarm auslösen. Verlangen Sie stets konkrete und genaue Zahlen für Reichweite, Ladedauer, Preis, Höchstgeschwindigkeit etc.

2. Lassen Sie sich diese **Zahlen schriftlich bestätigen**, am besten direkt im Kaufvertrag.

3. **Überprüfen Sie wichtige Werte vor dem Kauf selbst.** Bestehen Sie auf eine Probefahrt, am besten über die gesamte behauptete Reichweite. Auch die eigene Überprüfung der Akku-Ladezeit kann geraten sein.

4. **Verlassen Sie sich während Ihrer Probefahrt nicht auf die Instrumentenanzeigen** des Fahrzeugs. Planen Sie die Fahrt vorher am heimischen Routenplaner. Oder verwenden Sie die Entfernungsangaben Ihres eigenen Navigationsgerätes, um die Länge Ihrer Fahrstrecke schon vorab zu kennen. Vergleichen Sie die Angaben nach der Fahrt mit dem Tageskilometerzähler des Fahrzeugs. Auch die **Angabe zur Höchstgeschwindigkeit** sollten mit den Angaben Ihres Navigationsgerätes verglichen werden.

5. Wählen Sie als Probefahrtstrecke, wann immer möglich, **einen Mix aus verschiedenen Fahrbelastungen** – also etwa Autobahn, hügelige Strecken und Stadtverkehr.

6. **Achten Sie bei Ihrer Probefahrt darauf, daß diese wieder genau am Ausgangspunkt endet.** Geben Sie das Fahrzeug also nicht an einer anderen Stelle als die, an der Sie gestartet sind, zurück. Nur so ist zu verhindern, daß sich die Ergebnisse für Reichweite, Höchstgeschwindigkeit usw. verfälschen: Zum Beispiel durch überwiegendes Gefällefahren, daß Sie nicht bemerken.

7. **Überzeugen Sie sich unbedingt von der Heizleistung** des Fahrzeugs. Wenn es keine Zahlenwerte gibt, was nicht ungewöhnlich ist, so testen Sie die Heizung selbst. Idealerweise verbinden Sie dies mit der Testfahrt zur Reichweite.

8. **Prüfen Sie selbst die Stromkosten für das Aufladen nach,** und setzen Sie sie in Beziehung zu der wirklich erzielten Reichweite. Das geht schnell, indem Sie die Tabelle unter „Die Tankkosten" verwenden: Einfach die Batteriekapazität des Fahrzeugs erfragen und in der Tabelle nachschauen.

9. Klären Sie die genauen **Kosten einer neuen Ersatzbatterie**.

Einleitung

„Ein Auto das nicht fährt,
das ist überhaupt nix wert."
Fredl Fesl

Liebe Leserin, lieber Leser,

nehmen wir an, Sie wollen einen Kuchen backen und rufen deshalb in die Küche: „Haben wir Mehl ?" Es schallt zurück: „Ja!" Sie freuen sich, und eine Stunde später, die Geschäfte haben längst geschlossen, wollen Sie mit Ihrem Kuchen beginnen. Doch jetzt entdecken Sie, daß nur noch 2 Teelöffel Mehl vorhanden sind. Aus Ihrem Kuchen wird nichts. Die erhaltene Auskunft zum Mehl war zwar richtig, aber dennoch völlig irreleitend. Sie hätten nämlich wissen müssen, ob *genügend* Mehl vorrätig ist.

Sehr ähnlich verhält es sich mit vielen sogenannten Informationen über Elektroautos (im folgenden kurz E-Autos genannt). Man sagt Ihnen nicht, worauf es wirklich ankommt. Die E-Auto-Szenarien werden in schönen Farben gemalt – die Realität aber sieht völlig anders aus. Und mit „anders" ist ganz eindeutig „schlechter" gemeint. Es wird mit relevanten Informationen hinter dem Berg gehalten, was das Zeug hält. Und in manchen Fällen wird Ihnen sogar die pure Unwahrheit erzählt. Für eine Kaufentscheidung aber – zumal eine, die viele Ihrer Monatsgehälter kostet, und die Sie jahrelang zufrieden stimmen soll und auch erfreuen – sollten objektive und verläßliche Zahlen und Tatsachen zählen.

Relative Angaben dagegen, zum Beispiel „„...ist x Prozent besser als..." (in allen E-Auto-Prospekten, die uns zu Gesicht kamen) besitzen keinerlei Aussagekraft. Noch schlimmer sind Zahlenangaben mit Zusätzen wie: „...Die Angaben stellen nur eine annähernde Beschreibung dar..." (Prospekt des Mitsubishi MIEV). Verstehen Sie das ? Ist eine 5 im E-Auto Bereich nicht unbedingt eine 5, sondern kann vielleicht auch eine 7 sein ? Was soll das ?

Angaben solcher Art sind weder objektiv noch verlässlich. Und vor allem sind sie nicht zu überprüfen. Damit befinden wir uns aber im Bereich von unbelegten Behauptungen, die obendrein oft von Personen stammen, die weder Fachausbildung noch Fachkenntnisse besitzen. Marketingleute, Politiker und Journalisten wissen wahrscheinlich recht gut, wie man Ihnen etwas verkauft. Aber sie wissen nicht, was Ihnen verkauft wird. Manchmal ist es noch schlimmer – sie wissen es, aber sagen es Ihnen nicht.

Für beide Fälle gibt es Beispiele aus der realen Welt: Ich schrieb einmal einen Kommentar an die Redaktion der Frankfurter Allgemeine Zeitung (F.A.Z.), eine nicht gerade für ihren Boulevardstil bekannte deutsche Tageszeitung. Dort war ein Leserbrief veröffentlicht, der die grundlegendsten Schulkenntnisse in Physik auf hanebüchene Weise vermissen ließ und mithilfe abstruser Falschheiten irgendein Automodell zu loben suchte. Es ging um die Begriffe „Leistung" und „Drehmoment" bei Automotoren.

Ich ärgerte mich nicht so sehr über den Leserbriefautor, nicht jeder Leser kann Fachmann auf jedem Gebiet sein, als vielmehr über die Tageszeitungs-Redakteure, die es besser wissen müssten. Schließlich erwartet man von solcher Zeitung keinen totalen Unsinn. Und die Redakteure sind es schließlich, die die abzudruckenden Leserbriefe auswählen. In meinem Kommentar an die Redaktion bemerkte ich, daß sich die miserablen PISA-Ergebnisse[1] nun offenbar auch schon bei den Journalisten der F.A.Z. bemerkbar machen. Der bearbeitende Journalist fühlte

---

[1] Ein internationaler Schülervergleichstest, bei dem deutsche Schüler ziemlich schlecht abschnitten.

sich wohl in seiner Ehre getroffen und beantwortete meinen Brief. Und zwar öffentlich abgedruckt in der Zeitung über die gesamte Seitenbreite. Seine fette Überschrift lautete: „*Der* Drehmoment..." Diesen grammatikalisch falschen Artikel wiederholte er im folgenden Text.

Richtig heißt es natürlich „*Das* Drehmoment.." Der Begriff hat nichts mit der Zeit (...dem Moment) zu tun. Kann ein Journalist als „Mann des Wortes" sich mehr blamieren ? Zumal einer aus der selbsternannten Qualitätspresse ? Eigenes Unwissen öffentlich, in Fettdruck über die gesamte Seitenbreite, zur Schau zu stellen ? In diesem Fall spielte wohl einfach Unbildung die Hauptrolle, vielleicht kombiniert mit falscher Eitelkeit.

Hinter anderen Fällen von Desinformation dagegen stecken wirklich sinistre Absichten. Weit böser, als es gutmeinende Menschen wohl wahrhaben wollen. So mußten im Laufe des ClimaGate-Skandals Ende 2009/Anfang 2010, in dem zutage kam, daß viele Informationen zum angeblichen Global Warming schlichtweg gefälscht sind, mehrere Wissenschaftler und UN-Leute ihren Hut nehmen. Einer davon war Yvo de Boer, der Vorsitzende der United Nations Framework Convention on Climate Change (UNFCCC). Dieser Herr sagte in seiner Rücktrittsankündigung: „Wir waren nur noch einen Zoll vom globalen CO_2-Kommunismus entfernt. Leider hat es nicht geklappt." [2]

Ob nun blanke Dummheit wie im ersten Fall, oder böse Absicht

---

[2] Ob im entfernten Zusammenhang damit oder nicht: Interessant ist, daß Volkswagen, im Grunde ein High-Quality Volumenhersteller mit oft überdurchschnittlich fähiger Konstruktionsabteilung, jahre- wenn nicht jahrzehntelang kluger- und richtigerweise die Naturgesetze und die Physik respektierte, und folgerichtig die Entwicklung und Herstellung von E-Autos mit Batteriespeicher für den Massenmarkt als völlig sinnlos ablehnte. Zuletzt wurde dies, soweit ich mich erinnere, im November 2009 von VW selbst kundgetan. Nun plötzlich aber, laut Wall Street Journal vom 2. oder 3. März 2010, will sich der VW-Konzern mit E-Autos befassen. Die Physik hat sich seither unverändert gezeigt, und neue technische Durchbrüche sind auch nicht bekannt geworden. Wo also kommt diese Umstimmung her, und warum ? Sieht der Konzern einen Markt und will sich an der Volksverdummverkaufung beteiligen ? Oder hat die Politik Einfluß genommen auf den Konzern ? Who knows...

wie im zweiten: E-Auto-Interessenten sollten besser und genauer wissen, wie es wirklich bestellt ist um die angeblich so wunderbare Mobilität dieser Fahrzeugart. Dieses Buch soll Ihnen dazu dienen, einen Ausgleich zu den vielen Falsch- und Uninformationen zu erhalten – und so ein ehrlicheres und vollständigeres Bild über die wahren Fähigkeiten der E-Autos zu ermöglichen.

Das Meta-Problem

Sie denken vielleicht darüber nach, sich ein neues Auto zu kaufen. Und ziehen einen elektrisch angetriebenen PKW in Betracht. Wie sind Sie auf diese Idee gekommen ? In unserer wirklichen Welt sind doch nirgendwo funktionierende Elektroautos zu sehen. Auch Ihr Nachbar hat mit hoher Wahrscheinlichkeit keines. Die sehr vereinzelten Exoten von wirklichen E-Autos, also von solchen, die mindestens zur Hälfte ihrer Betriebszeit rein elektrisch unterwegs sind, lassen sich an einer Hand abzählen. Ohne zu übertreiben kann mit ruhigem Gewissen gesagt werden, daß es im praktischen alltäglichen Straßenverkehr keine solchen Fahrzeuge gibt. Und nein, auch der Toyota Prius ist keines, wie Sie später noch lesen werden: Seine elektrische Reichweite beträgt ganze 4 Kilometer. . .

Außer in Abbildungen und Beschreibungen in Hochglanzbroschüren, auf schillernden Internetseiten und in den Medien fahren einem keine E-Autos vor die Füße. Das ist doch komisch. Wenn diese Fahrzeugtypen eines uralten Konzeptes heutzutage plötzlich so überzeugend wunderbar sind wie überall geschrieben steht – ja, wo sind sie denn ? Kaufwünsche werden offenbar nur durch Medien und Politik generiert, nicht aber durch die selbsterklärende Qualität des Produktes: Ausschließlich die veröffentlichte Meinung sagt, E-Autos seien gut und richtig. Der Markt und das Produkt selbst sagt etwas anderes.

Einen echten Kontakt mit E-Autos der wirklichen Welt herzustellen, das scheint jedenfalls schwierig zu sein: Ein guter Freund hat sich vor mehr als 4 Monaten zur Probefahrt eines stark beworbenen japanischen E-Autos angemeldet. Sogar schriftlich. Bis heute, fast 5 Monate später, hat er keinen Probefahrt-Termin erhalten.

Also, wo sind sie, die technologischen Wunder namens „E-Auto"? Es scheint wie beim Raumschiff Enterprise zu sein: Das fliegt zwar wunderbar auf dem Bildschirm und in Buchtexten, nicht aber bei der wirklichen NASA. Und das liegt daran, daß nicht einmal die NASA die Physik überlisten kann. Die Naturgesetze und die heute verfügbare Technologie sind gegen die Science-Fiction-Träume. Es funktioniert nicht. Punkt.

Das gleiche Problem haben Fahrzeugkonstrukteure in aller Welt mit dem E-Auto. Auch sie können die Physik nicht überlisten. Es funktioniert nicht. Punkt.

Im Fall des Raumschiffs von Käpt'n Kirk kommt das amerikanische Space Shuttle der realen Welt am nächsten. Aber was heißt schon am nächsten: Das SpaceShuttle kann, im Vergleich zum Raumschiff Enterprise, gar nichts: Nicht Lichtgeschwindigkeit, nicht beamen, nicht phasern. Genauso ist es auch mit den E-Autos. Diese können im Vergleich zu unseren Normal-PKWs ebenfalls gar nichts: Weder weit fahren, noch schnell tanken, noch kostengünstiger transportieren.

Deshalb gibt es lediglich viele Ankündigungen und tolle Beschreibungen – aber keine echten Fahrzeuge. Wäre alles nicht noch viel schlimmer, dann läge hier bereits der erste Grund zum Abstandnehmen vom Kauf eines E-Autos. Denn Sie wären unter den ersten Käufern überhaupt, und würden sich so freiwillig zum Versuchstier der Hersteller machen. Selbstverständlich auf Ihre Kosten und Mühen. Denn es ist ja kein Geheimnis, daß unerprobte Konstruktionen oft erst in der vielhundertfachen Praxis zeigen, wo die Schwachpunkte, beschönigend gern „Kinderkrankheiten" genannt, liegen.

Doch eben, es ist alles noch viel schlimmer. Denn an E-Autos sind weit mehr Nachteile und Fehler als bloße „Kinderkrankheiten" auszumerzen. Die gesamte Konstruktion, Auslegung und Technologie von E-Autos mit derzeitiger und absehbar zukünftiger Technik ist eine einzige Katastrophe, wenn man als

Maßstab die Anforderungen und Bedürfnisse des durchschnittlichen Käufers und Fahrers anlegt. Es funktioniert nicht. Es spart nicht. Und „umweltfreundlich" ist es auch nicht. Nach derzeitigem Stand der Technik nicht, und nach dem künftigen Stand der Technik der nächsten Jahrzehnte wahrscheinlich auch nicht.

Und all dies, obwohl doch bereits viele Jahrzehnte lang und milliardenschwer in aller Welt an E-Autos geforscht wurde. Trotzdem ist seit mehr als einhundert Jahren der Elektroantrieb im Fahrzeugwesen nicht über vereinzelte Nischenanwendungen hinausgekommen. Wieso dies bedeuten soll, daß es deshalb nun gerade jetzt an der Zeit sei, wie manche E-Lobbyisten meinen, bleibt schleierhaft. Vielmehr ist dieser Fakt doch Beleg dafür, daß „Elektroantrieb" eben nicht funktioniert – weil es bessere Alternativen gibt, die ihn verdrängten. Den Dampfantrieb zum Beispiel gibt es seit 300 Jahren, und Pferdekutschen seit tausenden Jahren. Trotzdem sind beide Antriebe nirgendwo im Straßenverkehr zu sehen – obwohl es nach obiger Logik doch erst recht längst an der Zeit wäre! Also, solche Argumentationen sind blanker Unsinn. Der Dampfantrieb hat es nicht geschafft, und das aus guten Gründen. Die Zeit der Kutsche ist ebenfalls aus guten Gründen lange vorbei. Und ob es jemals eine Zeit der E-Autos geben wird, das ist höchst fraglich.

Zwar gibt es Nischenanwendungen, in denen der Elektroantrieb die richtige Wahl sein kann. Die Mondautos der Apollo-Missionen beispielsweise waren solche Nischenanwendungen. Falls Sie aber nicht auf dem Mond wohnen, und bestimmt nicht dahinter, dann haben Sie mit hoher Wahrscheinlichkeit keine Verwendung für ein E-Auto. Ganz gleich, ob neu oder gebraucht. Der Grund dafür liegt darin, daß das Konzept E-Auto mit einem sogenannten Meta-Problem behaftet ist. Es ist eben nicht lediglich so, daß hier und da noch ein paar kleine Konstruktionsprobleme zu lösen sind, und dann ist alles gut. Die unverblümte Wahrheit ist vielmehr, daß mehrere gigantische Konstruktions-, Technologie- und Betriebsprobleme vorliegen, die erstens so große Entwicklungssprünge erfordern, wie sie üblicherweise nur jedes Jahrhundert einmal vorkommen. Und zweitens liegen diese Probleme in verschiedenen, teils unverbundenen Bereichen vor. Das müssen Sie sich etwa so vorstellen, wie eine der früheren Weihnachtsbaum-Lichterketten: Wenn eine Birne ausfiel, dann blieb die gesamte Lichterkette dunkel. Und die defekte Birne zu finden, das war ein Riesenproblem. Übertragen auf die E-Auto Probleme sind mindestens drei Birnen ausgefallen, und die Lichterkette besteht nicht aus 50, sondern aus 1000 Einzelbirnen. Können Sie sich vorstellen, wie schwierig die Reparatur ist ? Selbst wenn Sie eine der defekten Birnen finden und austauschen – die Lichterkette bleibt trotzdem dunkel. Es funktioniert nach wie vor gar nichts – nicht etwa „ein bißchen besser".

Selbst wenn beim E-Auto das Speicher-Problem gelöst wäre, wenn also Akkus vorhanden wären, die etwa genausoviel Energie enthalten wie ein gefüllter Benzintank[3], selbst dann ist das E-Auto keinen nennenswerten Schritt weiter. Zum Beispiel deswegen, weil Sie nirgendwo außer zuhause aufladen, also „tanken" können. Oder glauben Sie, daß Ihnen der Maier Schorsch in München seine Steckdose und sein Bett für die Nacht zu Verfügung stellt ? Und selbst das würde nicht viel nutzen, weil Schorsch´s Steckdose nicht die erforderlichen Leistungen für die großen Batteriespeicher hergeben würde. Und selbst wenn auch dieses Problem noch gelöst wäre, dann steht das nächste im Weg.

Verschiedene Bauarten

E-Autos gibt es in verschiedenen Varianten. Einen Elektromotor als Antriebsmaschine besitzen natürlich alle, verschiedene Möglichkeiten aber existieren für seine Energieversorgung. Der erforderliche elektrische Strom kann entweder direkt an Bord auf verschiedene Weise erzeugt werden, oder er kann vor der Fahrt gespeichert und mitgenommen werden in einem Akkumulator,

---

[3] ...wovon die menschliche Technologie sehr weit entfernt ist. Die Lösungszeit wird bemessen in Jahrzehnten - nicht in Monaten oder Jahren.

Kurzversion: Akku, Umgangssprache: Batterie.

Direkt an Bord elektrischen Strom erzeugen, das können Brennstoffzellenautos und sogenannte Hybride. **Brennstoffzellen** sind Vorrichtungen, die chemische Energie, wie sie zum Beispiel in Wasserstoff oder Benzin enthalten ist, direkt in elektrischen Strom umwandeln. Diese Autos benötigen also einen Tank. Im Wasserstofffall einen sehr aufwendigen, teuren und gefährlichen Tank. Im Benzinfall einen herkömmlichen. In beiden Fällen tut man sich schwer, Vorteile zum herkömmlichen Benzinauto zu erkennen, denn einen Tank besitzen doch alle, und mit energiereicher Flüssigkeit gefüllt werden müssen auch alle: Keine wirklichen Elektroautos nach alltagsweltlichem Verständnis. Auch würde die Betrachtung der Eigenschaften von Brennstoffzellenautos einschließlich ihrer ebenfalls großen Nachteile ein eigenes Buch füllen. Also, Brennstoffzellen sind hier kein Thema.

Hybride sind Autos mit Benzin- *und* Elektromotor. Die Bezeichnung „Hybrid" entstammt der Biologie und ist, wohl absichtlich, falsch gewählt. Mit „Hybrid" wird nämlich eine Kreuzung verschiedener Arten in der Botanik, also dem Pflanzenreich, bezeichnet. Pflanzen aber sind in aller Regel immobil. Tiere dagegen sind mobil wie Autos, und in der Zoologie heißt eine Kreuzung zwischen verschiedenen Arten „Bastard". Das klang den Marketingexperten aber wohl zu nachteilig.

Diese Bastarde also besitzen zusätzlich zum Benzinmotor einen Elektromotor. Die hauptsächliche Frage dabei ist stets, wie der Elektromotor mit Strom versorgt wird: Manche Modelle lassen den Benzinmotor zu diesem Zweck permanent laufen, um Strom zu erzeugen. Dabei ist wieder nur schwer zu erkennen, wo außer den Nachteilen wie höheres Gewicht und teurere Technik dann die nennenswerten Vorteile liegen sollen.

Andere Modelle besitzen einen Akku, der, wenn leer, vom laufenden Benzinmotor aufgeladen wird. Schon daran ist zu sehen, daß es nichts zu gewinnen gibt: Denn die Energie zum Aufladen der Akkus kommt natürlich auch hier vom Verbrennungsmotor. Und dafür braucht dieser entweder entsprechend mehr Benzin, oder er bewegt das Auto langsamer. Es ist ein Nullsummen-Spiel: Wem es Spaß macht – bitteschön. Doch zu gewinnen gibt es nichts. Auch „Hybride" werden deshalb hier nur am Rande betrachtet.

Damit verbleibt noch das **pure E-Auto,** die Bauart, die in diesem Ratgeber hauptsächlich behandelt wird. Das pure E-Auto wird ausschließlich von einem Elektromotor angetrieben, und dieser Elektromotor wird ausschließlich von einem eingebauten Speicher, einer Batterie bzw. einem Akku, versorgt. Dem Bauprinzip nach handelt es sich um ein größeres Spielzeugauto: Wenn der Akku leergefahren ist, oder besser schon etwas früher, wird er über ein Ladekabel wieder aufgeladen[4]. Soweit die Theorie und die Marketingaussagen.

Vergleiche: Nur kluge und korrekte, bitte.

Wie kann ein ehrliches, objektives und korrektes Urteil über E-Autos gefunden werden ? Sollten „Neuheiten" nur deshalb faszinieren, weil sie „neu" sind ? Oder sollten die Bedürfnisse und Wünsche der Käufer und Fahrer der Maßstab sein ? Nach abendländischer Philosophie und westlicher Markttheorie kann nur des Individuums Wunsch und Verlangen der Maßstab sein, falls langfristiger Erfolg das Ziel ist.

Damit kann der einzig richtige Vergleichsmaßstab für E-Autos nur der Standard der heutigen Fahrzeuge sein. Denn Verschlechterungen wollen regelmäßig vermieden werden. Und so fragen sich potentielle Kunden üblicherweise: „Kann diese neue Anschaffung auch mindestens das, was bisher gewohnte Manier war?" Damit haben sie recht und sogar um so mehr, als E-Autos als sogenannte „echte Alternative" zum Benzinauto angeboten werden.

„Echte Alternative" heißt immer „nicht schlechter als bisher": Wenn aber der heimische Kühlschrank ersetzt werden soll durch

---

[4] ...oder nach manchen Vorschlägen einfach ausgetauscht.

stromlose Kellerlagerung, dann ist dies keine Alternative, und sicher ist es keine „echte Alternative". Es gilt also: Die durchschnittlichen Anwenderbedürfnisse, gemessen an ihrer Erfüllung durch den aktuellen Normalzustand, sind der Vergleichsmaßstab. Und nichts anderes.

Darüberhinaus soll das E-Auto angeblich nicht nur „echte Alternative" sein. Sondern es wird sogar behauptet, es sei ein großer Fortschritt. Doch stimmt das überhaupt ? Wesentliches Merkmal jedes Fortschritts ist, daß sich das bessere System oder Verfahren ohne fremde Hilfe und ohne Druck von selbst durchsetzt (von berechtigten Werbemaßnahmen der Hersteller abgesehen), weil die Kunden es als besser für sich entdeckt haben.

Es bedarf weder eines befehlenden Staates noch eines psychischen Druckes durch künstliche Generierung von schlechten Gewissen beim Individuum. Dieses freiwillige System funktioniert gut, weil Menschen und Unternehmen schnell von selbst erkennen, daß sich etwas Vorteilhaftes für sie tut.

Wer dagegen dieses freie Entwicklungsspiel zu unterdrücken sucht, ist ein wirklicher Fortschrittsverhinderer. Jedes einzelne Verbot und Gebot, wie etwa „EU verbietet Glühlampen", „Kaufen Sie unbedingt ein E-Auto wegen (Platzhalter)" ist solch ein Unterdrückungsfall. Wenn dabei den Menschen wichtige Belange berührt werden, dann birgt so ein Unterdrückungsfall potentiell große Störkräfte und führt, falls erfolgreich, zu unnatürlichen Ergebnissen und Verwerfungen bis hin zu großen Kriegen. Denn von Menschen unerwünschte Entwicklungen lassen sich nur mit „Gewalt" eine Zeitlang auf Kosten dieser Menschen, ihrer Freiheit und ihres Vermögens aufrechterhalten. Irgendwann kommt es unter großen Lasten und Kosten für alle zum Zusammenbruch (DDR, Sowjetunion etc.).

Um festzuhalten, welche Maßstäbe für E-Autos gelten müssen und welche dieser Ratgeber deshalb anlegt, muß zunächst also definiert werden, welchen Objekten und Anwendungen unser Augenmerk gilt. Alle folgenden Aussagen und Schlußfolgerungen über E-Autos setzen folgendes voraus:

1. **Fortschritt bedeutet**, daß irgend etwas besser wird. Nicht lediglich anders, und sicher nicht schlechter. Der richtige Vergleichsmaßstab für E-Autos ist deshalb der aktuelle PKW – die erfolgreichste Maschine der Welt. Sollte die Gesamtbilanz der E-Auto-Fahrzeugeigenschaften nicht besser sein als die Bilanz der aktuell benutzten Fahrzeuge, so kann von Fortschritt keine Rede sein. Was „besser" bedeutet, steht zunächst frei, solange nicht von der grundsätzlichen Aufgabenstellung „Individuelle und selbstbestimmte Personenbeförderung" abgewichen wird[5]. Unter PKWs oder Autos, also auch unter E-Autos, wird also verstanden: Fahrzeuge, die 4-5 Personen und deren Gepäck Platz bieten, die nennenswerte Höchst- und Dauergeschwindigkeiten erreichen, und mit denen Mittel- und Langstreckenfahrten ohne weiteres möglich sind. Für zweisitzige Fahrzeuge gilt als Maßstab ebenfalls der Benzinzweisitzer, meist also kleine Sportflitzer, die vor allem Fahrspaß bieten. E-Fahrzeuge, die diesen Grundanforderungen nicht genügen, sind keine Personenkraftwagen und gehören in die Kategorie Autoskooter oder Kinderspielzeug. Sie werden hier nicht betrachtet.

2. **Der Fahrer ist Privatnutzer.** Er besitzt ein, höchstens zwei Autos gleichzeitig, und fährt regelmäßig, meist jeden Tag. Erwartet wird ein alltagsfähiges Fahrzeug, das natürlich gern besser sein darf als bisher gewohnt. Es würde aber Verwunderung bis hin zu großem Ärger hervorrufen, falls die tatsächlichen Fahrzeugeigenschaften weit unter dem gewohnten Standard liegen.

3. **Der Fahrer ist Normalbürger** und kein Millionär. Er ist weder Star noch Prominenter, benötigt Effekthascherei weder

---

[5] Die Extremisten-Vorstellungen „Am besten gar nicht zu fahren" oder „E-Auto ist sowieso besser, weil es keinen Auspuff hat" kann also in die Vergleichsbilanz keinen Eingang finden, da sie das Thema „Individuelle und selbstbestimmte Personenbeförderung" verfehlt.

privat noch beruflich, und handelt und kauft nicht aus Marketinggründen: Weder vor Dritten, noch vor sich selbst.

4. **Dieser Ratgeber behandelt die besonderen Eigenschaften von E-Autos** und ihre Konsequenzen für den Autofahreralltag. Bei Hybridfahrzeugen wird nur der elektrische Fahrzeuganteil betrachtet. Fahrzeugmerkmale, die an Verbrennungsmotor- und Elektrofahrzeugen gleichermaßen auftreten, beispielsweise Straßenlage und Rostbeständigkeit, sind hier nicht von Interesse.

Also, bloße Behauptungen und Geschrei dürfen nicht ausreichen als Kaufgrund. Vor allem aber nicht als Bezahlgrund für eine Maschine, die mehrere zehntausend Euro kostet, und die zu einem nicht unerheblichen Anteil die Qualität des eigenen Lebens beeinflußt. Dieser Ratgeber führt Sie auf den folgenden Seiten durch die wesentlichen Eigenschaften von E-Autos, auf die geachtet werden muß. Vollständig ist die Auflistung nicht. Der hier veröffentlichte Auszug beschreibt diejenigen Punkte, die für die meisten Menschen wahrscheinlich besonders negativ wirken können, und die in den Medien und Prospekten entweder gar nicht oder falsch bzw. verzerrt dargestellt werden:

1. Problem:	**Die Reichweite**
2. Problem:	**Die Tankdauer**
3. Problem:	**Die maximale Nutzungsdauer**
4. Problem:	**Die Tankkosten**
5. Problem:	**Der Tankort**
6. Problem:	**Heizung & Klima**
7. Problem:	**Gefahren**
8. Problem:	**Geldvernichtung**
9. Resümee	**Rückschritt statt Fortschritt**

Danach folgt ein kleines Kapitel mit Beschreibungen aktueller E-Autos samt ihrer teils hanebüchenen Fahreigenschaften und Behauptungen darüber.

Diejenigen Leser, die noch tiefer denken und mehr wissen möchten, erhalten die Gelegenheit dazu im letzten Kapitel „An die Wurzel: Das Skalierungsproblem". Dort erfahren Sie, worin die eigentliche Ursache für all die Probleme der E-Autos besteht, und warum diese Probleme wahrscheinlich niemals gelöst werden können. Ein wenig mathematisches und physikalisches Verständnis wird notwendig sein.

Wir wollen schon hier nicht lange drumherum reden: Wenn Sie Normalbürger, Normalverdiener und Normalbenutzer sind, dann kann die dringende Empfehlung an Sie nur lauten: Kaufen Sie kein Elektroauto. Weder einen sogenannten „Hybrid", noch ein Voll-Elektrofahrzeug, also eines nur mit Batteriespeicher versehen. Tun Sie es dennoch, dann benötigen Sie außerdem noch mindestens ein „Normalauto". Sie müssen es dann auch lieben, auf eigene Kosten Großexperimente zur eigenen Lebensqualität durchzuführen. Und schließlich müssen Sie wirklich viel Zeit und Geld besitzen.

Wenn aber all dies nicht auf Sie zutrifft – dann sollten Sie an den Kauf eines E-Autos in den nächsten Jahren nicht einmal denken. Das Urteil sowohl über die praktische Alltagsfähigkeit als auch über das Kosten/Nutzenverhältnis dieser Fahrzeuge fällt verheerend aus. Und dies gilt für alle bekannten Modelle, und es wird aller Voraussicht nach auch noch eine lange Zeit so bleiben – nach vorsichtigen Schätzungen noch mindestens zwanzig bis fünfzig Jahre. Gut zu wissen ist auch, daß auch schon vor zwanzig bis fünfzig Jahren behauptet wurde, daß die Lösung in zwanzig bis fünfzig Jahren gefunden sei.

Wann der richtige Kaufzeitpunkt ist, das können natürlich nur Sie selbst entscheiden. Falls Sie sich über die kommenden Jahre aber nicht permanent mit Zahlen und Vergleichen beschäftigen möchten, dann hilft Ihnen vielleicht dieser Vorschlag:

Achten Sie einfach darauf, wenn all diejenigen Organisationen E-

Autos fahren, die aufgrund ihrer Aufgabenstellung verläßliche, bezahlbare und vor allem nutzvolle Fahrzeuge benötigen. Erst wenn also Polizei, Feuerwehr, Rettungsdienste und Bundeswehr, wenn all diese Flottenbetreiber ihre großen Fuhrparks als E-Auto betreiben – und nicht nur effektheischende Einzelfahrzeuge zur Schau stellen – erst dann sollten auch Sie darüber nachdenken, eines zu kaufen. Für die nächste Zeit aber lassen Sie es am besten dabei bewenden sich selbst zu fragen, warum genau diese Großflottenbetreiber es nicht tun.

In diesem Sinne wünsche ich Ihnen allseits Gute Fahrt und auch Freudige Fahrt. Freude am eigenen Leben ist mindestens genauso wichtig wie etwas vermeintlich „richtig" oder „gut" zu tun. Und ja, dazu gehört auch die Freude am Fahren.

Ihr Antonio Elster

1. Problem: Die Reichweite

Zusammenfassung: Die wirklichen Reichweiten sind sehr gering. Angaben der Hersteller und Verkäufer sollten in jedem Einzelfall überprüft werden mithilfe der BH-Formel und durch eigene Probefahrt. Langsamer fahren ändert nicht viel, Energierückgewinnungssysteme sind nahezu irrelevant. Die durchschnittlich eingebaute Batteriegröße von 10-20 Kilowattstunden (= 20-40 herkömmliche Autobatterien) entspricht nur 1...2 Liter Benzin im Tank.

Nach nur 21 Minuten Vollgasfahrt ist alles vorbei. Der Akku ist ratzeputz leer. Nichts geht mehr. Sie stehen mitten auf der Autobahn und können nicht weiter. Die gewohnte Reservekanister-Lösung ist unmöglich. Jetzt hilft nur noch eines: Abschleppen. Nach lächerlichen 42 Kilometern. Ja, in Ihrer 21-Minuten-Fahrt sind Sie ganze 42 Kilometer weit gekommen. Und nun stehen Sie da und kommen nicht mehr zurück, nicht ohne fremde Hilfe und Kosten jedenfalls. Neben dem damit verbundenen Ärger und den Mühen leben Sie gerade auch ziemlich gefährlich: Denn es funktioniert ja auch kein Licht, kein Warnblinker, keine Hupe mehr.

Denken Sie, das wäre übertrieben ? Seien Sie beunruhigt, denn das ist es nicht. Die Reichweite ist eines der großen Probleme von E-Autos, die ihre Fahrenergie in Form von geladenen Akkus mitführen. Denn die technisch machbaren Akkus kommen nicht einmal annähernd an den Energiegehalt eines gefüllten Benzintanks heran. Tatsächlich ist es so, daß sich in den Batterien der meisten E-Autos im voll geladenen Zustand nicht mehr Energie befindet als 1-2 Liter Benzin oder Diesel entspricht.

Der Mitsubishi MIEV beispielsweise wird laut Herstellerprospekt ausgeliefert mit einer Akkukapazität von 16 kWh: Das entspricht 1,6 Litern Benzin (in Worten: einskommasechs Liter) im Tank. Wie weit, und wohin, fahren Sie, wenn sich in Ihrem Benzinauto nur noch ein Liter Kraftstoff befindet ? Genau. Nirgendwohin. Weil die Gefahr viel zu groß ist, unterwegs stehen zu bleiben.

Die folgende Tabelle zeigt Ihnen den Energiemengen-Vergleich zwischen Strom aus der Batterie und Kraftstoff aus dem Tank. Die Akkus der meisten bekannten E-Autos besitzen eine Kapazität zwischen 10 und 20 Kilowattstunden (kWh).

VERGLEICH DER ENERGIE-MENGEN IN BATTERIE UND KRAFTSTOFF (Werte gerundet)		
Batteriekapazität in Kilowattstunden (kWh)	...entspricht Benzin (Liter)	...entspricht Diesel (Liter)
1	0,11	0,10
5	0,55	0,50
10	1,11	1,0
20	2,23	2,0
50	5,58	5,04
zum Vergleich: Herkömmlicher Starter-Akku 12 Volt, 40 Ah = 0,48 KWh	0,053	0,048
FAUSTREGEL: Je 10 kWh elektrische Energie entsprechen 1 Liter Benzin oder Diesel.		

Überschlägige Kontrolle der Reichweitenangaben

Die überschlägige Berechnung der wirklichen Reichweite von E-Autos geht einfach und schnell mit der „BH"-Formel:

$$\text{Maximale Reichweite} = B*H/M$$

Multiplizieren Sie einfach die Batteriekapazität (B) in kWh mit der der Höchstgeschwindigkeit (H) in km/h. Das Ergebnis teilen Sie durch die Leistung des Antriebsmotors (M) in kW. Ewas ausführlicher und übersichtlicher geht es mit der folgenden Berechnungs-Tabelle. Die Berechnung ist deshalb so einfach, weil es meist völlig ausreicht festzustellen, wie lange der geladene Akku den Vollastbetrieb des Motors theoretisch gewährleisten kann. Aber kann man so vereinfacht rechnen ? Kaum jemand gibt schließlich pausenlos Vollgas ? Ja, es geht dennoch. Die Überschlagsergebnisse dieser schnellen Rechnung sind recht nahe an der Realität. Der Grund dafür: Zwar – da haben Sie ganz recht – wird im praktischen Fahrbetrieb nicht unbedingt permanent Vollast abgerufen[6]. Es wird also ein zugute kommender Faktor nicht berücksichtigt. Aaaber – gleichzeitig werden in dieser Rechnung auch zahllose Negativ-Einflüsse wie Wirkungsgrad, Heizungsbetrieb, Akkuausnutzung und viele weitere ebenfalls nicht berücksichtigt. Verlassen Sie sich also auf die Zahlenergebnisse: Sie kommen der Realität erschreckend nahe.

Denn bei gleicher Karosse, gleicher Geschwindigkeit und gleichem Gewicht benötigen E-Autos natürliche die genau gleiche Antriebsleistung wie Benziner für ihre Fortbewegung. Alles andere ist unwahr. Der wissenschaftlich einzig zulässige Einwand hier ist, daß der Wirkungsgrad der Energiekette „Speicher-Motor-Antriebsrad" bei E-Autos etwas günstiger ist als bei Benzinautos. Aber „günstiger" heißt nicht immer „besser": Denn im Benzinverbrauch eines Autos sind viele „Nebenkosten" bereits enthalten: Neben dem eigentlichen Fahren zum Beispiel das Heizen des Innenraums. Als Flatrate sozusagen. Beim E-Auto dagegen addieren sich all diese Stromverbräuche und vermindern die Reichweite weiter.

Langsamer fahren spart ? Nein – das stimmt so nicht.

Langsamer fahren verlängert die mögliche Fahrstrecke kaum. Erst recht nicht bei untermotorisierten E-Autos. Dazu muß man

---

[6] Allerdings: Bei kleinen Antriebsleistungen stimmt das auch wieder nicht. Denn je schwächer der Motor, umso häufiger müssen Sie „Vollgas" geben. Schauen Sie auf ein Mofa. Dort gibt es in der Praxis nur zwei Betriebszustände: Standgas oder Vollgas. Ein Mofa leistet ca. 1 kW bei 50 kg Fahrzeuggewicht. Exakt demselben Leistungsgewicht entspricht also ein 1100 kg-Auto mit 22 kW (1 kW Antriebsleistung je 50 kg Fahrzeuggewicht). 22 kW entsprechen 30 PS. Solch ein Auto hat in etwa die gleichen Beschleunigungs- und Steigleistungen wie ein Mofa. Jetzt raten Sie mal, wieviel der Mitsubishi MIEV, ein E-Auto, das 1100 kg wiegt, in seiner Sparschaltung leistet ? Antwort: 17 kW. . .

DIE REICHWEITE BESSER SELBST ÜBERPRÜFEN

Einen guten und schnellen Überblick über die tatsächliche Reichweite Ihres ausgesuchten E-Automodells erhalten Sie ganz einfach, indem Sie sich die folgenden technischen Daten heraussuchen oder vom Anbieter geben lassen:

1. Die **Motor-Antriebsleistung** (in Kilowatt) : _____
   (zum Beispiel: 45 kW (= 61 PS))

2. Die **Batterie-Kapazität** (in Kilowattstunden): _____
   (zum Beispiel: 16 kWh)

3. Die **Höchstgeschwindigkeit** (in km/h): _____
   (zum Beispiel: 120 km/h)

Mit diesen wenigen Daten rechnen Sie kurz folgendes, es geht ganz schnell:

Schritt 1:

Teilen Sie die Batteriekapazität (hier 16 kWh) durch die Antriebsleistung (hier 45 kW). Das Ergebnis ist die theoretische Vollast-Betriebszeit. Also die Zeit in Stunden, die der Motor unter „Vollgas" läuft, bis die Batterie leer ist:

T (Vollast-Betriebszeit) = 16/45 Stunden = **0,35 Stunden**

(Falls Sie der Wert in Minuten interessiert, multiplizieren Sie einfach mit 60, also:
0,35 Stunden x 60 = 21 Minuten)

Schritt 2:

Multiplizieren Sie diese Zeit (hier 0,35 Stunden) mit der Höchstgeschwindigkeit (hier 120 km/h). Das Ergebnis ist die maximale Vollast-Fahrstrecke, bis die Batterie leer ist:

S (Vollast-Fahrstrecke) = 0,35 Stunden x 120 km/h = **42 Kilometer**

Unser Beispiel-E-Auto schafft also gerade einmal 42 Kilometer. Mobil sind Sie damit allerdings nur bis zur Hälfte, also bis zu höchstens 20 Kilometer – denn Sie möchten ja auch wieder zurück nach Hause fahren, oder ?

zunächst wissen, daß Fahren mit niedrigerer Geschwindigkeit per se keinerlei Reichweitenverbesserung erzielt. Denn bei „Halbgas" statt „Vollgas" benötigen Sie zwar tatsächlich weniger Strom oder Benzin pro Stunde, dafür aber dauert Ihre Fahrt doch viel länger, bis Sie ankommen. Weil Sie langsamer unterwegs sind: Statt 5 Minuten lang 45 kW aus den Akkus zu ziehen, verbrauchen Sie dann eben 10 Minuten lang 22 kW. Technisch ist dies dasselbe, denn der Akku muß sich in beiden Fällen um genau die gleiche Menge Strom entleeren – völlig egal also, ob Halbgas oder Vollgas. Und ja, das ist bei Benzinautos ähnlich[7].

Der Energiespareffekt, den Sie wahrscheinlich vor Augen haben, bezieht sich nur auf einen einzigen Fahrwiderstand unter vielen, nämlich dem Luftwiderstand. Nur dieser allein ist für das Phänomen des überproportionalen Leistungsbedarfs bei höheren Geschwindigkeiten verantwortlich. Der Einfluß des Luftwiderstandes auf die Fahrdynamik beginnt bei heutigen Autos aber erst bei ca. 65 – 75 km/h. Bei modernen Autos mit kleiner Stirnfläche und niedrigem c_w-Wert sogar erst bei rund 80 km/h. Und das bedeutet, daß auch der mögliche Spareffekt durch „langsamer Fahren" erst oberhalb dieser Geschwindigkeiten überhaupt beginnt. Für Sie als Fahrer heißt das: Sie können tatsächlich etwas Antriebsenergie sparen, falls Sie statt 150 nur 120 km/h fahren. Aber Sie sparen absolut gar nichts, wenn Sie statt 80 nur 60 km/h oder noch langsamer fahren.

Energierückgewinnungs-Systeme sparen ?
Nein – das stimmt so auch nicht !

Verschiedene technische Systeme existieren, mithilfe derer ein Teil der Fahrzeug-Bewegungsenergie beim Bremsen wieder „zurückgewonnen" werden kann. Benzinautos ist solch ein System natürlicherweise mitgegeben, denn die Lichtmaschine (der Generator) produziert auch dann kräftig Strom, wenn Sie bergab oder

---

[7] . . .manchmal verbraucht ein Benzinauto beim Langsamfahren sogar mehr als beim Schnellfahren, weil der Fahrer nicht frühzeitig hochschaltet.

sonstwo vom Gas gehen. Bei E-Autos funktioniert dies auch, weil ein Elektromotor gleichzeitig ein Generator ist – es kommt im Wesentlich nur darauf an, ob an seiner Welle ein Drehmoment verlangt (fahren) oder hineingesteckt (bremsen) wird.

Ein Batterielade-Effekt ist theoretisch also tatsächlich zu erzielen, wenn der E-Auto-Fahrer vom „Gas" geht. In der Praxis jedoch ist dieser Ladeeffekt nahezu irrelevant. Etwa so, wie auch Albert Einsteins Relativitätstheorie zwar wahr und richtig ist, für Ihren persönlichen Alltag aber völlig bedeutungslos bleibt[8].

Für diesen Einblick sind nicht einmal tiefgehende technische oder physikalische Betrachtungen notwendig. Der gesunde Menschenverstand reicht völlig aus: Wiedergewonnen werden kann höchstens der Energiebetrag, der zu Beginn der Bremsung vorhanden ist. Nun dient ein Auto aber der Fortbewegung und nicht der Bremsung. Daher sind die Zeit- und Weganteile von Bremsungen im Vergleich zu den Zeit- und Weganteilen des Fahrens in aller Regel verschwindend gering:

Stellen Sie sich vor, Sie fahren 20 Kilometer Autobahn mit 120 km/h. An der richtigen Ausfahrt gehen Sie vom Gas und rollen bis zur roten Ampel. Die Länge der Ausfahrt bis zur Ampel beträgt 200 Meter. Nun überlegen Sie: Sie haben Energie verbraucht für 20000 Meter (= 20 Kilometer), können aber nur zurückgewinnen die Energie von 200 Metern[9]. Das heißt: Maximal 1 Prozent Rückgewinnung. 99 Prozent der Energie sind auf jeden Fall unwiederbringlich weg. In der Realität wird es sich bei 0,3 Prozent Rückgewinnung einpendeln. Damit ist kein Blumentopf zu gewinnen, auch kein kleiner, und auch nicht bei den für diese Systeme etwas günstigeren Stadtfahrten. Vergessen Sie es einfach.

Für diejenigen, die es immer noch nicht glauben mögen: Wenn Sie diese Systeme für relevant leistungsfähig halten, dann stellen Sie sich einfach vor, mit leeren Batterien loszufahren. Von einem

---

[8] Na gut, von Navigationsgeräten vielleicht abgesehen.

[9] . . . und auch das nur im idealen theoretischen Fall ohne Verlustbetrachtung.

Hügel hinab, natürlich. Glauben Sie wirklich, daß Ihnen das Rückgewinn-System genügend Akkuladung liefert, um damit in die Stadt einkaufen fahren zu können? Und dann wieder nach Hause – bergauf? Glauben Sie das wirklich?

Nicht träumen: Die wirkliche Reichweite ist noch geringer.

In unserem Beispiel hatten wir als maximale theoretische Reichweite 42 Kilometer ausgerechnet. In Wirklichkeit ist die praktische Reichweite noch geringer. Zum Beispiel deswegen, weil die Fahrzeugbatterie niemals vollständig geleert werden kann. So verlieren Sie abermals wenigstens 10 Prozent Reichweite, und das ist ein gutmütiger Wert. Manche Batterien müssen außerdem beheizt werden, und manche gekühlt. Beide Betriebszustände kosten wieder Strom.

Dazu kommen weitere Reichweitenverkürzer: Was ist eigentlich, wenn Sie nachts, mit voller Beleuchtung, unterwegs sind? Oder noch viel verbrauchsschlimmer, im Winter mit voll eingeschalteter Heizung? Sie können es glauben, unter solchen Umständen wird Ihr Batteriefahrzeug ganz schnell und keineswegs übertrieben zum Batteriestehzeug. Jede erschwerte Fahrbedingung, unter anderem also

- Fahren im hügeligen und bergigem Gelände
- Fahren mit mehreren Personen oder viel Gepäck
- Anhängerfahrten
- Winterfahrten
- Schlechtwetterfahrten
- Nachtfahrten

und auch nicht zu vergessen – ein gealterter Akku – verringert die Reichweite Ihres E-Autos nochmals erheblich. Auch ein kalter Akku im Winter besitzt nicht seine volle Kapazität, obwohl voll geladen. All diese Lasten multiplizieren sich bei Kombination, beispielsweise bei Winterbetrieb im Mittelgebirge. Da ist Ihr E-Auto quasi permanent *nicht betriebsbereit*.

Statistisch übrigens wird Ihr Akku immer nur zur Hälfte geladen sein, was wiederum die Reichweite halbiert. Da spielt die menschliche Psychologie eine Rolle. Denn sind etwa alle Benzintanks aller Benzinautos der Republik stets randvoll gefüllt? Nein, das sind sie natürlich nicht. Im Mittel sind die Tanks höchstens zur Hälfte gefüllt. Und genauso wird es bei den E-Autos sein.

2. Problem: Die Tankdauer

Zusammenfassung: Vielstunden- bis tagelange Ladezeiten. Sogar bei Verwendung des normalen Hausstroms werden oft Umbaumaßnahmen am Haus notwendig. Mit Drehstrom ist schnellere Ladung zwar möglich, zerstört aber die teure Batterie und verursacht obendrein höhere Stromkosten. Praktische Akkukapazitäten nochmals 20 Prozent kleiner.

Ein weiteres großes und ungelöstes Problem von E-Autos besteht in ihrer Ladezeit, also sozusagen in der Tankdauer. Im Unterschied zum Benzinauto lädt sich die Batterie nicht von selbst während der Fahrt auf. Ganz im Gegenteil: Sie entleert sich schnell immer weiter, bis das Auto schließlich stehenbleibt[10]. Ein E-Auto mit Batterie muß daher von einer externen Stromquelle im Stand wieder aufgeladen werden, und zwar mit großer Regelmäßigkeit, Zuverlässigkeit und Häufigkeit. Denn wenn es zum Stehenbleiben unterwegs kommt, dann hilft kein Reservekanister. Das darf also nicht passieren

Nun hat der Ladevorgang von E-Autos nicht im entferntesten etwas mit dem schnellen 3-Minuten Tankvorgang bei Benzinautos zu tun. Gewöhnen muß man sich vielmehr an vielstunden- bis tagelange Ladezeiten. Und dieses immense Praxisproblem läßt sich nicht einfach mit irgendwelchen neuen Konstruktionen aus der Welt schaffen. Denn es stehen wieder gleich mehrere grundsätzliche Schwierigkeiten im Weg:

1. Der maximale Ladestrom, der dem Hausstromnetz entnommen werden kann: Das Stromangebot Ihrer Haussteckdosen ist sehr beschränkt, und deshalb ein Problem. Aus den

---

[10] Bei der aktuellen Informationsqualität zu E-Autos kann es allerdings nicht mehr lang dauern, bis einer der wirklich erstaunlich zahlreichen Fachmänner in Amts- und Redaktionsstuben – vielleicht sogar eine Physikerin in leitender Position – die auf der Hand liegende Lösung endlich findet. Daß niemand sonst darauf gekommen ist, darin liegt ja gerade die Genialität: E-Autos werden einfach wie Benzinautos mit Lichtmaschinen ausgerüstet, um während des Fahrens die Batterien wieder aufzuladen !

27

typischen Haushaltsdosen können Sie nicht mehr als 3500 Watt Leistung beziehen, sonst öffnet die Sicherung (sie „fliegt raus"). Dies liegt an den Kabeln, die in Häusern verlegt werden. Diese besitzen nur einen bestimmtem Querschnitt (einen bestimmten Durchmesser). Dieser Durchmesser erlaubt nur einen bestimmten Maximalstrom, sonst beginnen die Wandkabel zu schmoren, und das Haus zu brennen. Um dies zu verhindern, werden Sicherungen in die Stromkreise eingebaut. Die meistverbauten Sicherungen in Deutschland lassen einen Strom von 16 Ampere zu, bei 220/230 Volt entspricht dies ebenjenen theoretischen 3500 Watt Grenzleistung. In der Realität allerdings werden es meist nur etwa 2500-3000 Watt Ladeleistung sein[11], was die Ladezeit abermals verlängert.

THEORETISCHE LADEDAUER
FÜR VERSCHIEDENE BATTERIEKAPAZITÄTEN
Basis: Hausstromleitung, eff. 3000 Watt, Werte gerundet

Batteriekapazität in Kilowattstunden (kWh)	Ladezeit (Stunden)	Stromkosten je einmal Aufladen (Euro) Basis: 22 ct je kWh[12]
1	0,33	0,22
5	1,66	1,10
10	3,33	2,20
20	6,67	4,40
50	16,6	11,-
308 (angebliche Batteriekapazität des TESLA Roadsters)	103 (über 4 Tage!)	68,-

FAUSTREGEL: Je 10 kWh elektrische Energie entsprechen 1 Liter Benzin oder Diesel: Elektrisch tanken Sie je 10 kWh in 3,5 Stunden, als Benzin in 10 Sekunden.

---

[11] . . . aus elektrotechnischen Gründen
[12] Strompreis aus: EPRIMO-Abrechnung 2009, Rhein-Main-Gebiet

Nun wäre es zwar möglich, größere Sicherungsautomaten in die Hauselektrik einzubauen, die eine höhere Ladeleistung zulassen. Dann aber besteht die Gefahr, das Haus-Stromnetz, und das Haus gleich mit, in Brand zu setzen. Denn die höheren Ströme müssen ja durch die gleichen, meist unter Putz verlegten, elektrischen Kabel fließen. Und die können sich bei zu hohen Strömen so stark erhitzen, daß sie selbst, die Tapete darüber oder die Möbel davor anfangen zu schmoren.

Zusätzlich ist zu beachten, daß im Ladefall diese Hausleitung an der Grenze ihrer Belastbarkeit betrieben wird und deshalb kein zusätzlicher Verbraucher angeschaltet sein sollte. Wird nämlich das E-Auto an einer Leitung geladen, die beispielsweise auch die Kühltruhe mit Strom versorgt, kann es leicht zu Überlast und damit zur Öffnung der Sicherung kommen. Am nächsten Morgen können Sie Ihre Tiefkühlkost wegwerfen. Und mit dem Auto nirgendwohin fahren, weil es ungeladen dasteht. Eine eigene Ladeleitung ausschließlich für das E-Auto ist also Voraussetzung: Die vielleicht ohnehin vorhandene Steckdose in der Garage kann nicht ohne weiteres verwendet werden.

Weiterhin: Falls die Ladesteckdose weit weg liegt vom Hauptstromverteiler im Haus, dann müssen auch die Leitungswiderstände berücksichtigt werden. Normales Standard-Hauskabel kann dann nicht mehr benutzt werden. Es müssen Kabel mit größeren Querschnitten eingebaut werden. Ihr Elektriker wird dies alles schon wissen – aber wußten Sie es ?

Wie immer dem sei: Mehr als 3500 Watt elektrische Leistung zum Laden aus dem Stromkabel zu ziehen, das geht nicht. Raten Sie mal, wieviel Liter Benzin je Stunde das entspricht, wenn Ihr E-Auto so stundenlang am Ladekabel hängt? Sie tanken dann mit einer Rate von 0,38 Litern pro Stunde! Es tröpfelt quälend langsam in Ihren E-Tank. Nach rund dreieinhalb Stunden Ladezeit, der Fernsehfilm ist längst zu Ende, haben Sie gerade mal das Energieäquivalent von einem Liter Benzin getankt.

2. Schneller geht es theoretisch mit einem Drehstromanschluß. Den erkennt man an den dicken roten Steckern und Steckdosen, wie man sie zum Beispiel auf Baustellen oder in Firmen sieht. In Deutschland liegt in fast jedem Haus die Grundlage für diesen „Starkstrom", aber nur in den wenigsten Häusern ist er wirklich als Zapfstelle installiert. Also könnten Sie die nachträgliche Aufrüstung Ihres Hauses, Ihrer Wohnung oder Ihrer Garage gegen die Kosten für Einrichtung, Zähler etc. in Betracht ziehen.

Schade bloß, daß diese Lösung zwar Geld kostet, aber nicht sehr hilft. Denn theoretisch lassen sich die Ladezeiten mit einem Drehstromanschluß zwar kräftig verkürzen, etwa auf 0,5 bis 3 Stunden für die derzeitigen Batteriefassungsvermögen, aaaaber: Sie ruinieren sich ebenjene. Ihre sündhaft teure Batterie verträgt nämlich keine Gewaltladungen und stirbt dann einen frühen Tod. Je nach Häufigkeit dieser „Schnelladungen" kann so eine wertvolle Batterie schon im ersten Jahr zerstört werden.

Zu erkennen ist das schon an Handy- oder Digitalkamera-Akkus. Obwohl diese sehr klein sind und vom Hausnetz leicht „gewaltgeladen" werden könnten, wird das nicht getan: Die Ladegeräte sind absichtlich nicht darauf ausgelegt, und in der Folge dauert eine Ladung trotzdem stundenlang. Man macht dies aus genau dem genannten Grund: Damit die Akkus nicht frühzeitig zerstört werden. Selbst wenn Sie also einen Drehstromanschluß zuhause haben oder sich einen legen lassen, können Sie ihn nicht voll ausnutzen, weil Sie sonst Ihre, man kann es nicht oft genug betonen: sehr teure E-Auto-Batterie zerstören würden.

Ein weiterer Nachteil dieser Schnelladungen sind die Kosten. Die E-Werke nämlich lassen sich große elektrische Ströme „doppelt" bezahlen: Zum einen verlangen sie wie bekannt den ganz normalen Arbeitspreis, berechnen also die Strommenge, die in den Akku hineinfließt. Zusätzlich wird aber in Fällen, in denen besonders hohe Leistungen nachgefragt werden, auch noch der Leistungspreis berechnet. Dieser Preis richtet sich sozusagen nach der Ladegeschwindigkeit. Ob dieses Berechnungsverfahren bei Ihnen angewendet werden wird, müssen Sie bei Ihrem Stromlieferanten erfragen.

3. Die normalen physikalischen Eigenschaften von Akkus: Eine oft nicht näher erläuterte Angabe in Werbeprospekten der E-Autos lautet: „Die Ladezeit auf 80 % der Batteriekapazität beträgt nur soundsoviel Stunden."

Was hat das zu bedeuten ? Weshalb nur 80 %, und nicht Volladen auf 100 % ? Dabei handelt es sich um die Verschleierung der Tatsache, daß Akkus nur für die ersten 80 % ihrer Kapazität einen ungefähr linearen Ladezeitverlauf besitzen. Die Ladezeit für die restlichen 20 % dauert regelmäßig überproportional lang. Für E-Auto Besitzer bedeutet das, daß

- die wirklichen Ladezeiten noch länger sind
- die Reichweite noch kürzer ist
- sie in der Praxis selten mit wirklich vollen Akkus unterwegs sein werden
- sie sich nicht nur häufig um das Aufladen kümmern müssen, sondern sehr häufig. In der Praxis wird es wahrscheinlich so sein, das Sie *vor jeder Fahrt* das Ladekabel abklemmen müssen, und *nach jeder Rückkehr* das Ladekabel anklemmen müssen.

Auf ein Benzinauto übertragen wäre es so, als ob Sie einen leeren 40-Liter-Tank auftanken möchten. Dabei fließen die ersten 30 Liter mit gewohnter Geschwindigkeit in den Tank. Die restlichen 10 Liter aber dauern plötzlich 2 Stunden.

3. Problem: Die Nutzungsdauer

Zusammenfassung: Ein E-Auto ist nur in 11 % seiner Lebensdauer überhaupt zu nutzen, 89 Prozent seiner Lebenszeit steht es zwangsweise völlig nutzlos herum. Weil Benzinautos demgegenüber eine Nutzungsdauer von mehr als 98 Prozent besitzen, kostet die Betriebsstunde und der Betriebskilometer eines E-Autos rund 9mal so viel – es ist neunmal so teuer.

Wer in Maschinen und Anlagen investiert, der ist üblicherweise daran interessiert, die teuer eingekaufte Maschine so häufig nutzen zu können wie möglich, um seine relativen Kosten klein zu halten. Diese Grundregel gilt auch für Autos, die ja nichts anderes als Fahrmaschinen sind. Bei Kraftstoff-Autos denken wir normalerweise, zumindest wenn wir sie als Privatperson nutzen, nicht über diese Regel nach. Auch deswegen, weil Benzinautos nahezu 100 %ig nutzbar sind.

Berechnet wird die sogenannte „Maximale Nutzungsdauer", indem die Dauer der maximal möglichen Fahrperiode mit der Gesamtzeit, also der Summe aus Tankzeit und Fahrzeit, ins Verhältnis gesetzt wird. Das geht beispielsweise so:

Mit vollem Tank kann ein Benzin-Fahrzeug 5 Stunden, also 300 Minuten, fahren. Das Tanken selbst dauert 5 Minuten. Dann kann es wieder 5 Stunden fahren, um wieder 5 Minuten zu tanken usw. Das Verhältnis (Fahrzeit zu Gesamtzeit) beträgt dann:

300 Minuten / (300 + 5 Minuten). Das Ergebnis dieses Bruches lautet 0,98 (gerundet). Das heißt, daß dieses Fahrzeug eine maximale Nutzungsdauer von 98 Prozent bietet. Nur 2 Prozent der gesamten Zeit muß es stehen (wegen Auftanken).

Nun zum Vergleich das E-Auto. Dieses kann, vielleicht, 1 Stunde fahren. Und benötigt dann, seien wir freundlich, 8 Stunden Ladezeit. Seine maximale Nutzungsdauer berechnet sich also zu:

60 Minuten / (60 + 480). Das Ergebnis lautet 0,11 (gerundet). Das heißt, dieses Fahrzeug bietet eine maximale Nutzungsdauer von nur 11 Prozent. 89 Prozent seiner gesamten Zeit muß es stehen (wegen Aufladen).

Bitte beachten Sie dabei, daß es sich bereits um die *maximalen* Nutzungsraten handelt. Mehr geht nicht. Falls Sie tagelang nicht fahren wollen oder müssen, dann steht das Auto nur noch länger, und die Nutzungsrate verschlechtert sich weiter.

Im Grunde ist damit der Nachweis erbracht, daß E-Autos nach aktueller Ausführung tatsächlich keine Fahrzeuge, sondern Stehzeuge sind. Und dies ist keineswegs polemisch, sondern ganz ernst gemeint.

Aber die Implikationen aus diesen Zahlen gehen noch weiter. Da sich das Benzinauto also rund 9mal mehr nutzen läßt als das E-Auto (98 % Nutzungsdauer geteilt durch 11 % Nutzungsdauer), deswegen ist – sogar ohne die Kraftstoff- bzw. Stromkosten zu beachten – die Betriebsstunde und auch der Betriebskilometer des E-Autos 9mal so teuer (!) wie der des Benzinautos. Oder praxisnäher: Bei Ihrem Autokauf bezahlen Sie, nur wenn es gut geht, etwa den gleichen Betrag für ein neues E-Auto wie ein neues Benzinauto kosten würde. Trotzdem können Sie das E-Auto nur zu einem Neuntel nutzen – es ist also neunmal so teuer.

4. Problem: Die Tankkosten

Zusammenfassung: Elektrische Energie zu tanken kostet fast das Doppelte als die gleiche Energiemenge als Diesel-Kraftstoff

Elektrisch fahren soll billig sein, weil der Strom viel billiger sei, so wird behauptet. Leider bloß, auch diese Behauptung stimmt so nicht. Schon die reinen „Tankkosten", also die Stromrechnung für das Aufladen, ist fast doppelt so teuer wie die gleiche Energiemenge als Diesel-Kraftstoff. Für Benzin statt Diesel sieht das Ergebnis ähnlich aus. Die folgende Tabelle wurde mit den aktuellen Preisen in Deutschland für Strom und Diesel berechnet:

FAHRENERGIE-KOSTENVERGLEICH			
ELEKTRISCHER STROM ZU KRAFTSTOFF			
Stand: März 2010, Deutschland. Werte gerundet			
Batteriekapazität in Kilowattstunden (kWh)	...entspricht Diesel (Liter)	Eine elektrische Ladung kostet (Euro) Basis: 22 ct je kWh	Diese Menge Diesel kostet (Euro) Basis: 1,30 je Liter
1	0,1	0,22	0,13
5	0,5	1,10	0,65
10	1,0	2,20	1,30
20	2,0	4,40	2,60
50	5	11,-	6,50
100	10	22,-	13,-
308 (angebliche Batt.-Kap. des TESLA Roadsters)	31	68,-	40,-

FAUSTREGEL: Je 10 kWh elektrische Energie entsprechen 1 Liter Benzin oder Diesel: Akkuaufladen, also elektrisch tanken, kostet fast das Doppelte.

5. Problem: Der Tankort

Zusammenfassung: Verläßlichen Ladestrom gibt es nur, und nur, zuhause. Entferntere Fahrten als die Hälfte der echten Reichweite sind mit E-Autos quasi ausgeschlossen.

Wo ist eigentlich der notwendige Tankstrom zu bekommen, wenn man dann schon mal unterwegs ist ? Leider - nur theoretisch ist die Versorgung mit elektrischer Energie landesweit kein Problem. Denn dessen Kabel liegen zwar überall – allein, Sie kommen nicht an den Strom heran. Oder wie stellen Sie es sich vor, beim Ausflug in eine andere Stadt die Akkus Ihres E-Autos aufzuladen ? Glauben Sie, daß Sie bei dem wildfremden Herr Maier in München, oder bei Frau Schmitt in Hamburg schnell mal klingeln können, und Ihnen dann deren Steckdose zu Verfügung gestellt wird ? Vielleicht verbunden mit einer Einladung zum gemütlichen Fernsehabend, damit Sie die langen Ladezeitstunden im Warmen und Trockenen verbringen können ? Wie soll das gehen ?

Das alles wird niemals geschehen. Schon deswegen nicht, weil die meisten Menschen zwar wissen, daß ihr Strom Geld kostet – sie aber überhaupt nicht in der Lage sind zu bestimmen, wieviel Geld er kostet. Aber nehmen wir an, Sie hätten dieses Problem dieses eine Mal irgendwie gelöst. Dann stehen Sie nur 40 bis 80 Kilometer weiter, vielleicht mitten in der Nacht, wieder vor genau dem gleichen Problem. Weil der Akku schon wieder leer ist! Es ergibt sich eine endlose Problemkette. Wie realistisch ist dieses Szenario ? Genau. Es ist total bizarr, und es wird niemals eintreten.

Damit bleiben noch die angeblich überall entstehenden Ladestationen. Bloß, wo sind sie denn ? Und falls Sie eine der wenigen gefunden haben – und selbst dann, wenn es wirklich noch viel mehr würden:

• Wer garantiert Ihnen denn, daß dann auch tatsächlich eine

Steckdose für Sie frei ist ?

• Daß Sie an die Steckdose heran kommen (Kabel zu kurz, falscher Stecker, zugeparkt usw. usw.).

• Daß die Ladestation nicht defekt ist ?

• Daß zum nächsten Ladezyklus in 40 bis 80 Kilometer Entfernung wieder eine vorhanden ist ?

• Und werden eigentlich neben den Ladestationen Hotels errichtet, damit Sie die vielstündige Ladezeit nicht im Auto sitzend verbringen müssen ?

• Und wieviele Ladepausentage müssen Sie eigentlich einlegen, um von Frankfurt nach Bremen zu fahren ?

Das alles können Sie vergessen. Es wird nicht funktionieren. Schon die Probleme nur dieses einen Teilaspektes der E-Autos sind so groß, daß an eine Lösung in ihrer Lebenszeit nur TTs (Totale Träumer) glauben können. Und sowieso – nur in einem engen Radius ausschließlich dorthin fahren zu können, wo solche Ladestationen stehen, das ist eine sehr ungemütliche Vorstellung.

6. Problem: Heizung & Klima

Zusammenfassung: Fast lautet die E-Auto Bedingung: Fahren *oder* Heizen. Wir leben in Schilda. Autofahren mit Solarzellen geht nicht und wird niemals gehen – auch in 200 Jahren mit „Raumschiff Enterprise"-Technologie nicht.

Ein Benzinauto braucht kein zusätzliches Benzin, bloß weil die Heizung eingeschaltet wird. Ein E-Auto dagegen schon. Natürlich braucht es nicht mehr Benzin, sondern – wenn es eine Heizung besitzt, die diesen Namen verdient – *viel* mehr Strom. Denn Wärme gibt es nicht umsonst. Beim E-Auto fällt aber kaum Nebenwärme von selbst an, so wie es beim Verbrennungsmotor über sein Kühlwasser der Fall ist.

Deshalb muß die Heizwärme in E-Autos auf sehr batteriezehrende Weise erzeugt werden. Wer nun weiß, daß PKW-Heizungen in etwa die gleichen Leistungswerte benötigen und besitzen wie Einfamilienhaus-Heizungen, der ahnt vielleicht schon, was nun auf ihn zukommt:

Nämlich ein abermalige massive Reichweitenverminderung immer dann, wenn Sie im E-Auto die Heizung einschalten. Die in Häusern und Benzinautos eingebauten Heizleistungen liegen zwischen 15 und 35 kW. E-Autos sind nicht besser isoliert als andere und benötigen daher auch in etwa die gleiche Heizleistung. Bestätigt werden diese Größenverhältnisse zum Beispiel durch die Heizleistungen von Standheizungen für den nachträglichen Einbau. Diese betragen ungefähr 5 kW und es wird davon ausgegangen, daß 30 Minuten zum Aufheizen zu Verfügung stehen. Wenn Sie also das Fahrzeuginnere in 15 Minuten erwärmen wollen, dann benötigen Sie 10 kW Heizleistung. Und wenn Sie es in 7 Minuten aufheizen wollen (diese Zeit entspricht etwa dem Durchschnittswert von Serien-PKW-Heizungen), dann benötigen Sie 20 kW.

Wenn Sie also ein E-Auto mit einer Leistung von 30 kW bewegen, das sind ungefähr 41 PS, und dieses E-Auto eine

wirksame Heizung besitzt[13] samt einem normalgroßen Innen-
raum, dann ist die Wahrscheinlichkeit nicht klein, daß die
Heizung bei Vollast ungefähr soviel Strom verbraucht wie der
Antriebsmotor, also etwa 15 - 30 kW. Und das heißt ganz
überschlägig: Wenn Sie mit voll aufgedrehter Heizung fahren,
dann halbieren Sie die ohnehin lächerliche Reichweite Ihres E-
Autos noch einmal. Also beispielsweise Reichweite Sommer: 60
Kilometer. Reichweite Herbst, Winter, Frühjahr: 30 Kilometer.
Gleiches gilt für die Kühlung, also die Klimaanlage, denn auch
Kälte gibt es nicht umsonst.

Schilda !

In diesem Zusammenhang sei noch ein besonders bizarr
erscheinendes Ausstattungsdetail des neuen Toyota Prius
genannt. Dieser ist nämlich mit Solarzellen auf dem Dach ausge-
stattet, die allerdings nur solch eine geringe Leistung abgeben,
daß es lediglich für einen kleinen spielzeugartigen Lüfter für den
Innenraum reicht. Damit sollen Hitzestaus im Sommer abgebaut
werden, wenn das Fahrzeug geparkt ist.
Ob es tatsächlich wirksam funktioniert, sei dahingestellt. Denn es
kommt besser: Wissen Sie, was Toyota den Fahrern auferlegt,
damit selbst dieser winzige Öko-Gewissensschmeichler überhaupt funktioniert ? „Für die ordnungsgemäße Funktion müssen
Sie Ihr Fahrzeug in der prallen Sonne abstellen." (US Prius-
Prospekt). Wir leben offenbar alle in Schilda: Damit etwas Luft
gefächelt werden kann, müssen die Bedingungen so verschlechtert werden, damit Luft gefächelt werden muß . . .

Solarzellenantrieb ?

Bei dieser Gelegenheit paßt es auch, mit dem ebenfalls bizarren
Mythos des E-Autofahrens, angetrieben durch Solarzellen, aufzu-

---

[13] ...das ist wichtig, denn in viele E-Autos wird aus eben diesen Stromspargründen nur
ein rudimentäre Heizung, die Sie im Winter frieren läßt, eingebaut.

räumen: Das ist – grundsätzlich – unmöglich. Heutzutage, in 10 Jahren, und in 100 Jahren auch noch. Es ist unmöglich. Hier die Begründung:

In der Natur existieren viele Konstanten, an denen der Mensch nicht drehen kann. Eine davon ist die sogenannte Solarkonstante. Diese Zahl gibt an, wieviel Leistung – und in Verbindung mit der Zeit: wieviel Energie – die Sonne zur Erdoberfläche schickt. Der Wert der Solarkonstante beträgt unter günstigsten Bedingungen, zum Beispiel in Florida unter dauerblauem Himmel um die Mittagszeit rund 1000 Watt pro Quadratmeter (W/m^2), oder 1 Kilowatt pro Quadratmeter (kW/m^2).

Den intelligenten Lesern wird bereits jetzt ein Licht aufgehen. Ein herkömmliches Auto nämlich ist ungefähr 1,70 Meter breit und 4,20 Meter lang. Es besitzt also eine nach oben gerichtete Oberfläche von rund 7 Quadratmetern[14]. Wäre unser Auto also vollständig, samt Scheiben, mit Solarzellen belegt, dann würde es unter günstigsten Bedingungen, von denen sowohl die Praxis als auch die menschliche Technologie unendlich[15] weit entfernt ist, maximal 7 kW[16] aus der Sonneneinstrahlung beziehen können. Das sind 9,5 PS. Mit realen Solarzellen (Wirkungsgrad maximal 15 %) und in Deutschland statt in Florida verbleiben in der Realität höchstens 0,5 kW oder 500 Watt übrig. Das sind 0,66 PS. Und nur tagsüber, selbstverständlich.

Ein vernünftiges Auto kann man aber weder mit 9,5 Tages-PS, noch erst recht nicht mit 0,66 Tages-PS bewegen. Der Schluß: **Autofahren durch Solarzellen ist unmöglich. Auf immer.** Genausogut könnte man am Perpetuum Mobile „forschen", dessen Patentanträge das Münchner Patentamt regelmäßig zurückweist, weil Konstruktionen gegen die Naturgesetze nicht angenommen werden.

---

[14] 1,7 m x 4,2 m = 7,14 m^2
[15] Dabei ist „unendlich" keine Übertreibung, sondern entspricht der Tatsache. Denn es gibt keine verlustfreie Energiewandlung, also keine Solarzellen mit 100 % Wirkungsgrad. Und es wird sie auch nie geben, weil fundamentale Naturgesetze dagegen sprechen. Gäbe es sie dennoch, dann wären Perpetuum Mobile möglich.
[16] 1 kW/m^2 x 7 m^2 = 7 kW

7. Problem: Gefahren

Zusammenfassung: Das tatsächliche Gefahrenpotential des E-Auto-Betriebs ist noch weitgehend unklar. Sicher ist, daß zusätzliche Risikoarten auftreten, die bisher nicht vorkamen.

Der Betrieb von Elektroautos birgt zusätzlich potentielle Gefahren aus verschiedenen Bereichen. Damit soll nicht gesagt sein, daß der Betrieb von E-Autos nun ganz besonders gefährlich wäre. Das wissen wir alle noch nicht. Und auch jede andere technische Maschine birgt Risiken, die wir täglich und kalkuliert eingehen.

Im Fall des E-Autos aber kommen einige neue Risiken hinzu. Die eigentliche Frage ist, ob diese neuen Risiken mit einer für den Durchschnittsfahrer relevanten statistischen Häufigkeit eintreten werden. Die Antwort darauf ist unbekannt. Allerdings sollten Sie darüber informiert werden, und darin besteht wieder ein Defizit seitens Herstellern und Meinungsmachern.

Erhöhte Gefahr geht aus zum Beispiel vom Strom- und/oder Energiespeicher: Welche verheerenden Folgen eine Wasserstoff-explosion anrichtet, ist spätestens seit dem Unglück des SpaceShuttles Challenger bekannt. Diese Gefahr besteht bei E-Autos, in denen eine wasserstoffbetriebene Brennstoffzelle für den elektrischen Strom sorgt (. . .und bei allen anderen Bauarten, die Wasserstoff als Energieträger verwenden).

Batteriebetriebene Autos dagegen stehen unter dem Risiko der Explosion des Akkus oder der Akkuschmelze, so wie vor wenigen Jahren zahlreiche Notebook-Computerakkus in aller Welt unvermittelt in Flammen aufgingen.

Auch der Akku-Ladevorgang mit seinen großen elektrischen Strömen und Leistungen ist nicht risikofrei. Und der Betrieb von E-Autos im Regen, in der Waschstraße und in allen anderen Umgebungen mit erhöhter Feuchtigkeit vielleicht auch nicht.

Besonders, wenn an das Stromnetz von E-Autos gedacht wird, das üblicherweise unter höheren Spannungen steht als Ihr Haus oder Ihre Wohnung: E-Auto zum Beispiel: 330 Volt, Hausnetz: 230 Volt. Und dabei besitzen Wohnung und Haus noch einen großen Vorteil: Wände aus Ziegel und Beton leiten auch im Fall eines Kabelschadens keinen Strom. Karosserien, Türgriffe und Pedale aus Metall dagegen schon.

Schließlich wird auch nicht, wenigstens nicht öffentlich, diskutiert, was es eigentlich bedeutet, falls jemals eine ausreichend große Batterie tatsächlich soviel Energie enthalten sollte wie ein gefüllter Benzintank. Die elektrische Ladung einer solchen Batterie kann sehr viel Unheil anrichten. Ihr gesamtes Fahrzeug zum Abschmelzen bringen, genau wie ein sehr großes Elektro-Schweißgerät, ist dabei das kleine Übel.

Neben diesen direkten technischen Risiken existieren eine Reihe von indirekten Gefährdungen aufgrund der besonderen Betriebs-Eigenschaften von E-Autos. Nur zwei Beispiele:

- Sie können Ihr Kind nach einem Spielunfall nicht zum Notarzt oder ins Krankenhaus fahren, weil das E-Auto ungeladen in der Garage steht.

- Sie haben eine Panne wegen Stromlosigkeit und stehen mitten auf der Strasse – ohne funktionierende Beleuchtung, ohne Warnblinker, ohne Hupe, ohne Scheibenwischer, ohne Radio. Zu bewegen, auch nur ein paar rettende Meter etwa runter von einem Bahnübergang, ist das Fahrzeug nicht[17].

---

[17] Mit einem Benzinauto geht dies trotz defektem Motor dennoch. Ironischerweise mithilfe eines Elektromotors, dem Anlasser nämlich. Der kann in Verbindung mit dem eingelegten ersten oder zweiten Gang die entscheidenden Meter retten.
Vielleicht sind die E-Auto-Entwickler auch schon auf die Idee gekommen, daß es gut wäre, immer eine Reservestrommenge zu Verfügung zu haben. Und deshalb eine vollständige Akkuleerung bei E-Autos nicht zugelassen wird. Bekannt ist davon nichts. Auf jeden Fall aber bedeutete dies wieder einmal eines: Die tatsächliche E-Auto-Reichweite . . . ist nochmals geringer.

8. Problem: Geldvernichtung

Zusammenfassung: Der E-Auto Betrieb ist aller Voraussicht nach sehr teuer. Erste Tendenzen für überdurchschnittliche Wertverluste. Sehr hohe Kostenrisiken liegen vor allem beim Akku und der sehr geringen Nutzungsdauer.

Der Erwerb und Besitz eines E-Autos vernichtet Vermögen, und wahrscheinlich weit mehr als der bloße Standard-Wertverlust wie bisher gewohnt. Dies hat mehrere Gründe, die je nach Einsatz und Nutzung des Fahrzeugs entweder einzeln oder kombiniert auftreten:

1. Gebrauchtwagen-Wertverlust: Niemand weiß bisher, wie sich die Gebrauchtwagenwerte von E-Autos entwickeln werden, da ein Gebrauchtmarkt für diese Fahrzeuge nicht existiert. Einziger Anhaltspunkt aus der wirklichen Welt sind einige Gebrauchtwagenanzeigen des Toyota Prius. Diese Modelle wurden im März 2010 in der Mehrzahl der (wenigen) Fälle etwa zum DAT[18] – Händlereinkaufspreis von Händlern angeboten. Ob, und für wieviel sie dann tatsächlich verkauft werden, ist unbekannt.

Dies könnte bereits Ungutes andeuten. Denn Händler verkaufen üblicherweise zum Verkaufspreis, nicht zum Einkaufspreis. Auch eine einfache Überlegung führt schnell zum gleichen Ergebnis:

Bei E-Autos ist üblicherweise der Akku das teuerste Bauteil des Fahrzeugs. Und dieser hat ein Problem – er altert, unter anderem durch jede einzelne Ladung. Und er tut das mehr oder weniger unkontrolliert. Denn jeder weiß, daß Notebook- und Handy-akkus, Starterbatterien in Benzinfahrzeugen und viele andere Akkus im Laufe der Zeit ihre Speicherfähigkeit verlieren, obwohl ihnen von außen nichts anzusehen ist. Genauso ist es bei E-Auto-Akkus. Der durchschnittliche potentielle Käufer eines E-

---

[18] DAT = Deutsche Automobil Treuhand, www.DAT.de

Gebrauchtwagens wird aber nicht in der Lage sein, den Zustand des gebrauchten Akkus zu beurteilen, was große Unsicherheit hervorrufen wird – und das resultiert üblicherweise in Preisabschlägen.

Ein Austauschen des Akkus wird in aller Regel nicht in Frage kommen, da er meist (weit) mehr als ein Original Austauschmotor eines Benzinfahrzeugs kostet. Die Austausch-Option wird sich bei Gebrauchten nur selten lohnen, und deswegen nur selten in Betracht gezogen werden. Summa summarum steht damit zu vermuten, daß die Wertverluste beim Verkauf eines gebrauchten E-Autos groß sein könnten.

2. Akku-Schnelladung: Zum eben besprochenen Punkt gehört ein weiterer Aspekt. Um die stunden- bis tagelangen Ladezeiten zu verbessern, bieten manche E-Autos einen Starkstromanschluß (Drehstromanschluß), der – hat man eine solche spezielle Steckdose zu Verfügung – die Möglichkeit der Schnelladung bietet. Leider bloß: Jede Schnelladung zerstört auch den Akku schnell. Meines Wissens nach existiert keine einzige Akkubauart in der Welt, die Schnelladung, besser wäre die Bezeichnung Gewaltladung, nicht übelnimmt: Auf diese Art und Weise Ihr Fahrzeug aufzuladen ist also die Garantie dafür, daß der Akku, oft zehntausende Euro teuer, schon nach ein bis zwei Jahren den Geist aufgibt. Zu, oder kurz vor diesem Zeitpunkt mögen Sie Ihren Wagen verkaufen – dann: siehe Punkt 1. Sie könnten ihn aber auch behalten: Dann richten Sie sich auf eine Reparatur, oder besser einen Austausch ein, der Sie je nach Fahrzeug leicht zehntausend Euro oder mehr kosten kann. Auch das vernichtet Ihr Vermögen.

3. Akku-Tausch: Als angebliche Alternative zum Problem der langen Ladezeiten wird das schnelle Austauschen des gesamten Akkus diskutiert. Demnach soll man einfach überall an eine Tankstelle fahren können, und schwupps, wird der eigene leere Akku im Schnellverfahren gegen einen anderen, vollen ausgetauscht. Wenn der dann leer ist, geht wieder so ein Austausch an einer beliebigen anderen Tankstelle vonstatten.

Hm. Wie bereits gesagt, kann der Akku mehrere zehntausende, ganz sicher aber wird er mehrere tausend Euro kosten. Würden Sie sich Ihren fabrikneuen Akku aus dem gerade gekauften Auto nach 60 oder 80 Kilometern austauschen lassen...gegen einen, von dem Sie nicht wissen, wie alt er ist? Gegen einen, von dem Sie nicht wissen können, in welchem Zustand er ist, außer daß er geladen sein wird?

Falls Sie dazu ja sagen, dann verschenken Sie rein statistisch mit dem ersten Akkutausch die Hälfte seines Wertes an völlig Fremde. Denn sobald sich dieses System eingelaufen hat, wird das durchschnittliche Akkualter die Hälfte der Akkulebensdauer betragen.

4. Maximale Nutzungsdauer: Unter „3. Problem: Die Nutzungsdauer" wurden die sehr negativen betriebswirtschaftlichen Verhältnisse von E-Autos angesprochen. Deshalb gehören sie natürlich auch zum Thema der Geldvernichtung. E-Autos nach derzeitiger Technologie stellen nach wirtschaftlichen Gesichtspunkten eine katastrophale Investition dar. Sie bezahlen rechnerisch rund das Neunfache eines Benzinautos, und kaufen sich damit obendrein zusätzliche Nachteile.

5. Verlangte Verkehrssicherheit: In Deutschland kennen wir die schöne Einrichtung der zweijährigen verpflichtenden Hauptuntersuchung, dem „TÜV". Dort müssen sich alle zum Verkehr zugelassenen Fahrzeuge einer regelmäßigen Prüfung auf Verkehrssicherheit unterziehen.

Welche Kriterien werden bei E-Autos zusätzlich angelegt werden? Das ist die Frage. Sollten beispielsweise gealterte, also inkonsistente Akkus, die den Strom nicht mehr halten können, als „verkehrsunsicher" eingestuft werden[19], dann würde der Ge-

---

[19] Ganz so unwahrscheinlich wie es vielleicht klingt, ist dies nicht: Es ist in Deutschland auch unter Strafe verboten, mit Benzinmangel auf der Autobahn liegen zu bleiben. Weil dadurch die Verkehrssicherheit gefährdet wird. Ob wegen Benzin- oder wegen Strommangel liegen zu bleiben, dürfte unerheblich sein – und mit altem Akku im E-Auto ist es nahezu vorprogrammiert, wegen Energiemangel liegenzubleiben. Wir werden abwarten müssen, nach welchen Richtlinien TÜV und DEKRA entscheiden werden.

brauchtwagenwert aller E-Autos nahezu sicher in den Keller stürzen. Stellen Sie sich nur einmal vor: An 3, 5 oder 7 Jahren alten E-Autos verfügt der Prüfer, daß eine neue Batterie eingebaut werden muß. Damit ist das Fahrzeug sofort wertlos, weil die Batterie so teuer ist.

Wichtiger Hinweis: Bitte beachten Sie, daß alle aufgeführten Beispiele des überproportionalen Wertverlustes von E-Autos *nicht ersatzweise, sondern zusätzlich* zu den altbekannten Gründen wie Korrosion, unpopuläres Fahrzeugmodell, Unfallschaden usw. auftreten.

Resümee: **Rückschritt statt Fortschritt**

Heutige E-Autos, und wahrscheinlich auch die der nächsten Generationen, sind alles andere als ein technischer Fortschritt. Sie stellen vielmehr einen massiven technischen Rückschritt dar. Und sie sind darüber hinaus auch ein zivilisatorischer und ein gesellschaftlicher Rückschritt.

Der schnellentschlossene Kurzurlaub am Chiemsee oder sonstwo ist mit E-Autos unmöglich. Das mögen einige Menschen verschmerzen wollen. Doch nicht einmal mehr am Nachmittag der Oma in der Nachbarstadt helfen, oder die Freundin abends besuchen zu können, weil die Batterie leer ist und die Ladezeit die ganze Nacht in Anspruch nimmt – oder weil man zwar hinkommt, aber nicht mehr zurück, daß alles ist kein Spaß mehr, sondern todernst.

Mit dem Kauf eines E-Autos schränken Sie Ihre Mobilität sehr ein. Weit stärker noch, als Sie es jetzt glauben möchten, weil Sie – lebenslang benzinauto-verwöhnt – sich die wahren Verhältnisse der Praxis noch gar nicht vorstellen können.

Ob der offen ersichtlichen Daten und Zahlen darüber, und der nichtsdestotrotz massiven Promotion dieses Fahrzeugstyps gerade nicht nur durch die Hersteller[20], wäre es vielleicht einmal überprüfungswert, ob da nicht Absicht dahinter steckt. Und man genau dies bei Ihnen zu erreichen sucht – eine Bewegungseinschränkung. Bedenken Sie: Ein E-Auto mit einer Reichweite von 60 Kilometern erlaubt Ihnen nur noch eine Fahrt zu einem höchstens 20 Kilometer entfernten Ziel. Und selbst das nur einmal je Tag. Denn Hin und Zurück, das macht ja schon 40 Kilometer. Und eine kleine Reserve sollte eingeplant sein. Und nach dieser einen Fahrt steht Ihr Fahrzeug zwangsweise für viele Stunden still. Zum Aufladen.

---

[20] ..die ohnehin irgendwie getrieben wirken.

Und selbst diese Mini-Fahrt funktioniert nur unter den allergünstigsten Umständen:

- Sie haben Ihren Akku randvoll geladen,

- sie fahren tagsüber (kein Licht),

- nur bei schönen Wetter (keine Scheibenwischer),

- nur im Flachland (keine stromfressenden Steigungen),

- nur ohne Anhänger,

- nur im Frühjahr oder Sommer (keine Heizung)

- und nur, wenn Sie nach Ihrer Fahrt zuhause bleiben wollen und können (weil das Aufladen lange dauert).

All diese Faktoren verringern die ohnehin nur sehr kleine Reichweite Ihres E-Autos nochmals. Geradezu kriminell sogar wird es dann, wenn

- das eigene Kind zum Beispiel wegen eines Spielunfalls,

- die Oma ob Ihres Alters,

- der Nachbar wegen eines Gartenunfalls,

nicht mehr umgehend zum Notarzt oder ins Krankenhaus gefahren werden kann, weil das E-Auto mit leeren Akkus nutzlos herumsteht. Klingt das nach Freiheit, nach Selbstbestimmung? Das soll Fortschritt sein? Sagen Sie später nicht, Sie haben es nicht gewußt.

Praxis: So fahren wirkliche E-Autos

Trotz aller Werbung und allem Gutglauben ist der „berühmte" **Toyota Prius** nur theoretisch ein Hybridfahrzeug mit Benzin- und Elektromotor. In Wirklichkeit ist er nichts weiter als ein geschickt vermarktetes Benzinauto, das so gut wie immer mit Benzinmotor fährt - weil seine Akkuladung nämlich nur für ganze 4 Kilometer ausreicht. Das ist weder ein Witz, noch ein Druckfehler. 4 Kilometer. Die „restlichen" 400 Kilometer fährt er mit Benzin.

Was bedeutet das: 400 Kilometer Benzin – 4 Kilometer Strom ? Es bedeutet: 99 Prozent Benzinauto – 1 Prozent E-Auto. Ein Fahrzeug unter diesen Umständen auch nur „teil-elektrisch" zu nennen, dazu gehört schon eine gewaltige Portion Chuzpe. Nach dieser Logik des Herstellers und seiner Marketingleute sind Löwen harmlose Pflanzenfresser, weil die eben erbeutete Antilope ein paar Grashalme zwischen den Hufen hat.

Das neueste Modell soll statt der 4 angeblich 9 Kilometer schaffen. Bisher wurde nicht überprüft, ob das wirklich stimmt. Nicht nur diese Tatsache, sondern weitere nicht unbedingt fahrerfreundliche Einflüsse sorgten dafür, daß in Deutschland lediglich gut 4000 Stück dieses Inkognito-Benzinautos im gesamten Jahr 2009 gekauft wurden. Das ist in etwa die Menge Golf, die Volkswagen an vier Tagen verkauft. . .

• • •

Der **Chevy Volt**, ein us-amerikanisches E-Auto von GM (General Motors, Hersteller), der 2010 auf den Markt kommen soll und der, soweit bekannt, weitgehend baugleich ist mit dem angekündigten **Opel Ampera**, ist laut Interview zwischen GM und dem amerikanischen Wochenmagazin Business Week (Ausgabe Ende Februar 2010) ausgelegt als 60-60 Auto. Falls Sie nicht wissen, was das bedeutet: Es bedeutet, daß dieses Fahrzeug 60 km/h Höchstgeschwindigkeit erreicht bei 60 Kilometer Reichweite. . .

• • •

Der **Tesla Roadster**, ein kleiner zweisitziger Sportwagen mit reinem Elektroantrieb, soll angeblich große Reichweiten bei sportlichen Fahrleistungen (und sechsstelligen Preisen) erreichen. Geschafft haben will der Hersteller das durch Verwendung von 7000 Notebookakkus (Akkus aus tragbaren Computern). Doch die schnelle rechnerische Überprüfung ergibt, daß dies wohl reine Phantasie ist. Denn wir haben nachgemessen: Der Akku eines handelsüblichen Toshiba-Notebooks von Ende 2009 besitzt

- eine Kapazität von 44 Wattstunden (Wh) laut Aufdruck
- die Maße (Breite x Höhe x Länge) von 50 x 20 x 200 mm, also ein Volumen von 200 Kubikzentimetern (cm^3)
- ein Gewicht von 0,304 Kilogramm

Diese Werte, multipliziert mit 7000, ergeben für die:
Batteriekapazität: 7000 mal 44 Wh ergibt 308 kWh (Kilowattstunden). Dieser Wert erscheint ganz ordentlich. Er entspricht rund 30 Litern Benzin im Tank und wäre damit zwar nicht perfekt, aber doch akzeptabel.
Batteriegröße: 7000 mal 200 cm^3 ergibt ein Volumen von 1,4 Kubikmetern (m^3) ! Wo ist dieses riesige Volumen untergebracht? Beim Tesla „Sportwagen" muß es sich um einen verkappten VW-Passat Kombi handeln. Denn das größte Laderaumvolumen eines Passat, bei umgeklappter Rückbank, entspricht etwa diesem Wert (1,7 Kubikmeter). Wo so ein automobiler Zwerg wie der Tesla so viel Platz für seine Batterie hernimmt, das muß der Hersteller erst noch erklären.
Batteriegewicht: 7000 mal 0,304 Kilogramm, das macht 2,13 Tonnen. Nur für die Batterie, wohlgemerkt. Ohne Auto. Ein kleiner Roadster von 3,5 Tonnen Leergewicht also ? Es deutet sich die nächste Glaubwürdigkeitskrise an, um es vorsichtig zu

formulieren.

Batterie-Ladezeit: Eine Hausstromleitung liefert maximal effektiv rund 3000 Watt. Bei einer Batteriekapazität von 308 kWh bedeutet dies eine Ladezeit von: 103 Stunden. . .mehr als 4 Tage ! Das bleibt kommentarlos. Und es bedeutet übrigens eine Stromtankrechnung von 68 Euro je Batterieladung.

Man darf gespannt sein, wieviel Menschen sich tatsächlich für dumm verkaufen lassen. Ob dieser schieren Absurdität hat jemand darauf hingewiesen, daß Tesla angeblich anders zählt. Es würden nicht 7000 Notebookakkus eingebaut, sondern lediglich 7000 der Notebookakku-Zellen. Das sind diejenigen Einzelakkus, aus denen Notebookakkus zusammengesetzt werden. Meist sind 6 Stück je Computer-Akkupack enthalten. Gut, wenn also diese Variante nun die Wahrheit sein soll: Es ändert nichts an der Unmöglichkeit. Denn nun teilen wir einfach alle Rechenergebnisse durch 6. Damit paßt zwar Größe und Gewicht der Batterie so einigermaßen in das kleine Auto – aber schauen Sie bloß auf die Batteriekapazität: Die Reichweite stimmt nicht einmal mehr ansatzweise mit dem überein, was behauptet wird: Es befinden sich, sozusagen, nur 5 statt der behaupteten 30 Liter Benzin im Tank . . .

• • •

Zu guter Letzt ein Blick auf den **Mitsubishi MIEV.** Er heißt wirklich so, und soll angeblich baugleich aber unter anderem Namen, auch von Peugeot und Citroen in Europa 2010 auf den Markt kommen. Im wesentlichen handelt es sich um ein smartartiges (allerdings viersitziges) Gefährt, das von E-Motor und Batterie getrieben wird: 1,1 Tonnen Gewicht, 16 kWh Akku, 47 kW (64 PS) Antriebsmotor, 130 Km/h Höchstgeschwindigkeit, 160 Kilometer Reichweite[21]. Kosten soll er rund 34000 Euro.

Die Reichweite (160 km) ist versehen mit dem Zusatz „nach

---

[21] Alle Angaben aus dem Hersteller-Prospekt, März 2010.

japanischem 10-15 Mode". Leider wird nicht erklärt, was dieses Meßverfahren bedeutet, oder wie realitätsnah es ist. Nach EU-Modus kommt er angeblich 144 Kilometer weit. Diesem EU-Mode liegt eine Durchschnittsgeschwindigkeit von 32 km/h zugrunde . . .

Irgendetwas stimmt trotzdem nicht. Denn überschlägig mit der BH-Formel für die Praxis gerechnet, dürfte er statt der behaupteten 160 oder 144 Kilometer nur rund 44 Kilometer weit kommen. Diese Diskrepanz klärt sich erst beim Lesen anderswo zumindest teilweise auf: Die AutoZeitung (Ausgabe 21/2009) erklärt, daß der MIEV eine Sparschaltung hat, durch die seine Motorleistung auf 17 kW, das sind 24 PS, gedrosselt wird. 24 PS leisteten die ersten VW Käfer um 1950. Wer jemals einen gefahren ist weiß, daß sich seine Fahrleistungen nicht wesentlich von einem Mofa unterscheiden. Da kommt es ja zupass, daß der MIEV über die Hälfte mehr wiegt als der damalige VW Käfer. . . man es auch anders sagen: Der MIEV besitzt ein schlechteres Leistungsgewicht als ein Mofa – und das ist nicht übertrieben.

Jedenfalls, selbst mit dieser Motordrosselung auf 17 kW sollte der MIEV, wieder überschlägig, trotzdem nur rund 80 Kilometer Fahrstrecke erreichen. Sinnigerweise enthält der Prospekttext die Warnung: „Die Angaben...sind unverbindlich und stellen nur eine annähernde Beschreibung dar..." Ja also, wenn konkrete technische Zahlenwerte und Einheiten nur eine „annähernde Beschreibung" darstellen, wozu sollen sie denn dann überhaupt gut sein, außer zur Augenwischerei ? Dann wäre es besser, gleich ganz darauf zu verzichten. Oder die Behauptungen gleich dermaßen hoch anzusetzen, daß man wenigstens etwas zum Lachen statt zum Weinen hat.

• • •

Fazit: Es ist nicht zu leugnen, daß die behaupteten und tatsächlichen Fähigkeiten von E-Autos zwischen unmöglich, praxisfern und absurd schwanken. Potentiellen Käufern ist große Vorsicht angeraten.

An die Wurzel -
Das Skalierungs-Problem

Zusammenfassung: Es existiert ein übergeordnetes Naturgesetz über all den E-Auto-Problemen, das grundsätzlich nicht überwunden werden kann. E-Autos werden deshalb wahrscheinlich auf immer nur unter großen Schwierigkeiten und Einschränkungen möglich sein.

Ist es nicht wirklich erstaunlich, wieviele verschiedene und riesengroße Probleme eine im Grunde recht einfache Konstruktion wie der elektrische Fahrzeugantrieb in der realen Welt macht ? Wieso ist das so ? Und wieso kann man in jedem Spielzeuggeschäft Elektroautos und sogar Elektroflugzeuge kaufen, die alle ganz gut funktionieren – in der wirklichen Welt aber gibt es keine gut funktionierenden E-Autos, und kein einziges E-Flugzeug ?

Leser, die etwas mehr in die Tiefe gehen möchten und wissen wollen, wieso all die bisher beschriebenen Probleme der E-Autos auftreten, die erfahren hier die Antwort. Etwas technisches und mathematisches Verständnis wird dabei vorausgesetzt.

Der übergeordnete naturgesetzliche Grund für all die E-Auto-Probleme befindet sich weit über den oberflächlichen „KeinProblem"-Kulissen der dilettantischen E-Auto-Lobbyisten, die regelmäßig von „nur noch kleine notwendige Ver-besserungen", „nur mehr guter Wille erforderlich", „nur wenig mehr Forschung" und ähnlichem Unsinn schwadronieren.

Denn es existiert ein großer, den nicht mit Naturwissenschaften aufgewachsenen Menschen meist unbekannter Zusammenhang, der wie häufig in der Menschheitsgeschichte Utopien, und so auch dieses E-Utopia, verhindert: Viele der hier angesprochenen E-Auto-Probleme sind lediglich das Resultat eines Grundprinzips der Natur, das von Menschen nicht übertreten werden kann.

Dazu gehört die schlichte Tatsache, daß es Konstruktionen wider die Physik, also gegen die Naturgesetze, nicht geben kann. Dabei spielt es keine Rolle, ob irrwitzige Konstruktionsphantasien von selbsternannten Technikern angestrebt werden oder von selbsternannten Politikern und „Meinungsmachern". Sowohl die Vertreter des Perpetuum Mobile als auch die Vertreter des Sozialismus – ohnehin ein und dasselbe, wenn man genau darüber nachdenkt – stehen unter, und nicht über den Naturgesetzen. Die Unmöglichkeit von Konstruktionen wider die Physik kommt beispielsweise zum Ausdruck in dem sogenannten Skalierungsproblem. Mit Skalierungsproblem wird die Tatsache bezeichnet, daß Konstruktionen aller Art nicht nach Menschbelieben in ihrer Größe verändert werden können. So kann es zum Beispiel keine menschlichen Riesen geben wie in verschiedenen Sagen dargestellt, weil bei proportionalgerechter Vergrößerung des menschlichen Körpers – also bei einer Vergrößerung in der Art, daß die Proportionen gleich bleiben und der Riese deshalb genauso aussieht wie ein normaler Mensch – seine Knochen sofort brechen und seine Muskeln sofort reißen würden.

Das liegt daran, daß die Größe (Oberfläche) eines Objektes quadratisch, also mit x hoch 2 (x^2) wächst, aber das aus dieser Größe resultierende Gewicht (und seine Masse) wächst mit x hoch 3 (x^3). Man sagt auch, die Belastung (hier: die Gewichtskraft) wächst kubisch, während der Festigkeitswiderstand (hier z. B.: der Trägerquerschnitt, also der Knochenquerschnitt) nur quadratisch wächst. Aus diesem Zusammenhang folgt, daß eine genaue Grenze existiert – die bei nur wenigen Zentimetern über unserer heutigen Körpergröße liegt –, ab der der menschliche Körper nicht mehr größer sein kann, weil er sonst zerbricht im wahrsten Sinn des Wortes.

Solche Skalierungsprobleme kommen in der Natur auf zahlreichen Gebieten vor, und so auch beim Elektroauto:

1. Damit, ganz allgemein, ein beliebiges Objekt seine Geschwindigkeit selbst verändern, sich also bewegen (fahren) kann, muß dieses Objekt eine Beschleunigung erzeugen können: Ohne

Beschleunigung gibt es keine Geschwindigkeitsänderung (zum Beispiel: von 0 auf 60 km/h) – das Objekt ist unbeweglich. Die mechanische Beschleunigung (a) in der Physik berechnet sich einfach aus der Beschleunigungskraft (F), geteilt durch die beschleunigte Masse (m), also

$$a = \frac{F}{m}$$

Nun suchen wir die einfachstmöglichen Beziehungen, die F und m beschreiben und setzen diese in unsere kleine einfache Formel ein.

2. Wir suchen zunächst F, die Beschleunigungskraft. Beim batterieversorgten Fahren ist die mögliche Beschleunigungskraft letztlich direkt abhängig von der Speicherplattenfläche des Akkus. Eine Fläche ist im einfachsten Fall quadratisch, berechnet sich also nach: x hoch 2 (x^2). Im Fall des Akkus kommen als Faktoren noch Plattenanzahl, Kapazitäten und Umrechnungen hinzu, die zu einer Konstante (c) zusammengefaßt werden können. Damit wird $F = x^2$ c. Wir setzen dies ein und haben dann:

$$a = \frac{x^2 \, c}{m}$$

3. Nun suchen wir m, die beschleunigte Masse. Die berechnet sich im einfachsten Fall aus dem Volumen eines Kubus mal seiner Dichte, also nach: x hoch 3 (x^3) mal Dichte (d). Damit wird $m = x^3$ d. Wir setzen auch dies ein und haben dann:

$$a = \frac{x^2 \, c}{x^3 \, d}$$

Jetzt können wir noch x kürzen, und dann den gesamten Ausdruck mit Klammern zum besseren Überblick versehen. Das ergibt dann:

$$a = \frac{1}{x}\,\frac{c}{d}$$

$$a = \left(\frac{1}{x}\right)\left(\frac{c}{d}\right)$$

Und damit ist das allem zugrundeliegende Problem, sozusagen die Mutter aller E-Auto-Probleme, sichtbar. Es besteht in dem Faktor $(1/x)$. Den anderen Faktor, (c/d), können wir für unsere allgemeine Betrachtung vernachlässigen, da er lediglich Konstanten enthält und am prinzipiellen Ergebnis nichts ändert. Für unsere grundsätzlichen Betrachtungen setzen wir ihn genau 1, was das Rechnen vereinfacht.

Bei $1/x$, und nur das ist hier wesentlich, handelt es sich um eine Funktion mit merkwürdigen Eigenschaften: Denn die **Ergebnisse werden immer größer, je kleiner x** gewählt wird, und **umgekehrt werden die Ergebnisse immer kleiner, je größer x** gewählt wird. Dieses Verhalten allerdings erklärt eine Menge rund um den Elektroantrieb mit Batterieversorgung.

Probieren Sie es einfach einmal selbst aus, indem Sie beliebige Zahlen für x einsetzen. Dabei ist x die Hauptlänge des Objektes – ganz gleich was es ist – in Metern: Die Länge eines Autos, eines Hubschraubers, eines Schiffes, eines Motorrollers oder eines Modellflugzeuges. Das sich ergebende Resultat a ist die maximal erreichbare Beschleunigung:

Beispiele		
x (Meter)	1 / x	Bechleunigung a (m/s2)
0,1	10	10
0,5	2	2
1	1	1
5	0,2	0,2
10	0,1	0,1
100	0,01	0,01

Man sieht leicht, daß, je kleiner das Objekt wird, umso größer die maximal mögliche Beschleunigung dieses Objektes wird. Und das heißt: Umso leichter, einfacher und unkomplizierter läßt sich das Objekt in Bewegung setzen.

Je größer dagegen aber unser Objekt wird – und eine besondere Grenze liegt schon bei nur einem Meter Länge (!) – umso schwieriger wird es, eine nennenswerte Beschleunigung überhaupt erreichen zu können.

Damit ist eigentlich alles klar. Man muß es nur erkennen: Je größer unser Fahrzeug oder Flugzeug gewählt wird, umso kleiner wird seine überhaupt nur theoretisch mögliche Beschleunigung. Tatsächlich tendiert sie hin zu Null.

Alle Ergebnisse nahe Null aber bedeuten: Das Objekt ist unbeweglich. Also: Batteriebetriebene Objekte mit einer Hauptlänge größer als einem Meter werden schnell unbeweglich. Ein E-Auto ist ein batteriebetriebenes Objekt mit einer Hauptlänge größer als einem Meter. Was schließen Sie daraus ?

Ergebnis

1. Mit Beschleunigung Null fährt und fliegt nichts.

2. Fahrzeuge, Flugzeuge und Schiffe mit einer Hauptlänge von kleiner als einem Meter lassen sich relativ gut mit Batterie-strom betreiben Tatsächlich gilt: Je kleiner, desto besser.

3. Schon ab einer Hauptlänge von einem Meter aufwärts wird es zunehmend schwierig und schnell unmöglich, sich mit Batteriestrom zu bewegen. Ein PKW (Hauptlänge ca. 4 Meter) geht schon nur noch gerade so und unter großen Einschränkungen. Ein LKW (Hauptlänge ca. 15 Meter) läßt sich nur unter den allergrößten Schwierigkeiten mit Batteriestrom in Bewegung setzen und halten, und ein Schiff oder Flugzeug (Hauptlängen 20 bis 300 Meter) überhaupt nicht. Dabei spielt es keine Rolle, daß ein LKW nicht wie ein Kubus aussieht. Hier handelt es sich um ein allgemeingültiges Gesetz.

Diese kleine einfache mathematische Beziehung (1/x) erklärt also ganz hervorragend, weshalb es so viele elektrische Spielzeuge und Modellfahr- und -flugzeuge gibt, die recht gut mit Batteriebetrieb funktionieren. Und sie erklärt recht gut, daß die Übertragung der Spielzeuge in die wirkliche Welt der Erwachsenen grundsätzlich nicht funktionieren kann. Die Beobachtung bestätigt das genau: Es gibt zahlreiche Elektromodellflugzeuge und -Hubschrauber, aber es gibt keinen einzigen normalgroßen Elektrohubschrauber – und es wird ihn auch niemals geben.
Ähnliches gilt für Speicher-E-Autos für Erwachsene: Sie werden aller Voraussicht nach niemals über ein kleines Nischendasein hinauskommen – dank ihrer grundsätzlichen Existenz am Rand des mathematischen und physikalischen Unmöglichkeitsraums.
Denn wichtig hierbei ist zu erkennen, daß es sich um ein grund-sätzliches Problem handelt: Solange Massen von 3 Dimensionen

abhängig sind (das ist, soweit bekannt, überall im gesamten Universum der Fall) und solange die Kapazitäten der elektrischen Energiespeicher (Akkus, Batterien) von zweidimensionalen Flächen abhängig sind (keine Ausnahmen bekannt) – solange wird es keine Lösung durch technischen Fortschritt geben, weil es grundlegende Naturgesetze nicht zulassen. „Denkbare" Lösungen gehören alle in den Bereich „Raumschiff Enterprise": Vielleicht in 200 Jahren. Vielleicht.

Zum Abschluß
Das Zitat des Tages

ZDF-Infokanal, 11.03.2010, 19.25 Uhr, Sendung: „Elektro, Emotionen, Eleganz". Ein Greenpeace-Sprecher (!), Wolfgang Lobeck, vor laufender Kamera:

„Jemand muß vollkommen bescheuert sein, sich ein Elektro-Auto zu kaufen. Dessen Emissionen sind eineinhalb bis zweimal so hoch wie die eines ausgereiften Benzin-Kleinwagens, und seine Batterie ist doppelt so teuer wie das ganze Auto."

TECHNISCHE BEZEICHNUNGEN &
GRUNDSÄTZLICHE NATURGESETZE

1. **Spannung, in Volt (V):** Die elektrische Spannung gibt die Höhe des Potentialunterschieds an. Deutlicher wird es vielen Menschen erklärt mit der Höhe des Druckes in der Leitung, zum Beispiel in einem Gartenschlauch.

2. **Stromstärke, in Ampere (A):** Die elektrische Stromstärke gibt die Strommenge an, die fließt. Im Vergleich zum Gartenschlauch entspricht sie dem Schlauchdurchmesser, aber eben nicht dem Druck in der Leitung: Wo viel fließen soll, müssen beim Wasser dicke Schläuche, beim elektrischen Strom dicke Kabel benutzt werden.

3. **Elektrische Leistung, in Watt oder Kilowatt (W oder kW):** gibt die Leistung einer Maschine an, genau wie die (früheren) PS bei Otto- und Dieselmotoren. Die elektrische Leistung wird einfach berechnet, indem die Spannung (Volt) mit der Stromstärke (Ampere) multipliziert wird, zum Beispiel: 12 Volt x 5 Ampere = 60 Watt.

4. **Elektrische Arbeit/Energie, in Wattstunden oder Kilowattstunden (Wh oder kWh):** Gibt an, wie lang eine Leistung bezogen wird (Motor), oder bezogen werden kann (Akku). Zur Berechnung wird einfach die Leistung mit der Zeit multipliziert: Ein E-Motor mit einer Leistung von 50 KW benötigt für 2 Stunden Laufzeit: 50 kW x 2 Stunden = 100 kWh. Im Akkufall ist es einfach umgekehrt. Die Akku-Kapazität (seine gespeicherte Energiemenge) wird durch die angeforderte Leistung geteilt. Dadurch ergibt sich die längstmögliche Betriebszeit mit diesem Akku: Ein (vollständig geladener) Akku mit der Kapazität 10 kWh versorgt einen E-Motor mit der Leistung 20 kW (27 PS). Nach 10 kWh / 20 kW = 0,5 Stunden (30 Minuten) ist der Akku ratzeputz leer.

5. **Größenordnungen:** Vorsilben vor Maßeinheiten werden benutzt, um Zahlen nicht zu groß oder zu klein werden zu lassen. „Kilo" (k) steht für „mal Tausend", „Milli" (M) steht für „durch Tausend" (tausendstel), also 1000 Gramm = 1 Kilogramm und 1000 Watt (W) = 1 KiloWatt (kW). Bei Zahlenvergleichen und Umrechnungen muß exakt auf die Vorsilben geachtet werden, um Größenordnungsfehler-Fehler zu vermeiden.

6. **Leistungsbedarf ist unabhängig von der Antriebsart:** Wenn ein konkretes Fahrzeugmodell 50 kW benötigt, um seine Höchstgeschwindigkeit von 140 km/h zu erreichen, dann benötigt es einen Benzinmotor mit 50 kW. Oder einen E-Motor mit 50 kW. Oder eine Dampfmaschine mit 50 kW usw.

7. **Leistungen sind nicht von der gewählten Einheit abhängig,** sondern sind unabhängig davon: 1 kW entspricht – genau, und immer – 1,36 PS. 10 kW entsprechen 13,6 PS. Und 100 kW entsprechen 136 PS.

8. In unserer Welt existiert **keine verlustfreie Energieumwandlung.** Wer 10 kWh irgendwo hineinsteckt (in ein Ladegerät, in einen Akku, in einen Motor usw.), bekommt stets weniger, manchmal nur einen Bruchteil, zurück. Niemals erhält er die vollen 10 kWh wieder, und niemals gar erhält er mehr als diese 10 kWh zurück - niemals und nirgendwo.

9. **Batterie, Akku:** Diese Begriffe werden in diesem Buch wegen der Einbürgerung in die Umgangssprache gleichwertig verwendet. Technisch ist dies nicht korrekt: Eine Batterie kommt mit einer einmaligen Ladung daher und ist nicht wiederaufladbar – ein Akku dagegen schon.

10. Wer aus einem Speicher (etwa: Akku) 20 kWh entnehmen möchte, muß vorher diese 20 KWh einbringen.

11. Wenn die Akkuladung nicht über Ladekabel erfolgt, dann muss sie zum Beispiel der eingebaute Benzinmotor erbringen (Hybrid). Dafür benötigt der Motor **mehr Kraftstoff.**

Verlags
Programm
Auszug
Erhältlich bei:

amazon.de
Libri.de

sowie im klassischen Buchhandel

Unsere Bestseller & Neuheiten

Allein gelassen? Die Exliebe wiedergewinnen

Wenn die Liebe zur Tür hinaus ist und alles nach lebenslangem Novemberwetter ausschaut, dann regiert die Sehnsucht pur: So schön wäre es, wieder von ihm/ihr in den Arm genommen zu werden. Dieser Ratgeber enthält eine ausführliche Schritt-für-Schritt Anleitung für Ihren möglichen Anfang vom Happy-End: Leicht verständlich sind mehrere Psychologieprinzipien zusammengefaßt, um Ihrer Ex-Liebe das „Ex" sanft aus der Hand zu nehmen. 4. Auflage 2010 · 12 x 19 cm · Euro 7,90 · ISBN 978-3-8311-1825-0. Auch in 2 erweiterten Ausgaben erhältlich (siehe nächste Seite).

Die Grundregeln des Erfolgs. So werden Sie erfolgreich.

Ob in der Partnerschaft, im Beruf, oder beim Kontostand – erfolgreich werden Menschen überall auf der Welt auf ähnliche Weise, weil alle Menschen einer ähnlichen Psychologie folgen. In diesem Ratgeber erfahren Sie die Grundregeln jedes Erfolges. So können Sie ab sofort die richtigen Entscheidungen in Ihrem Leben treffen. Denn es ist Ihres, und Sie haben nur eines. Nur Sie allein bestimmen Ihre Ziele, und ob Sie diese Ziele erreichen. Oder ob Sie sich abbringen, ablenken oder bevormunden lassen. 2010 · 12 x 19 cm · Euro 9,95 · ISBN 978-3-8391-2049-1

Auswandern. Die wichtigsten Schritte

Wer hat nicht schon einmal daran gedacht: In einem anderen Land leben. Entweder regelmäßig für ein paar Monate, oder gleich ganz: Tropisches Meer oder alpine Berge genießen. Freier und freundlicher seine Tage verbringen, vielleicht sogar kostengünstiger. Doch wie geht das überhaupt - auswandern ? In diesem Ratgeber werden die wichtigsten Schritte jeder Auswanderung beschrieben: Was sind die Grundvoraussetzungen ? Wie wird die Abreise und Ankunft geschickt vorbereitet ? Und was müssen die ersten Schritte im Wunschland sein ? 2010 · DIN A5 · Euro 8,95 · ISBN 978-3-8391-2273-0

Allein gelassen ? Die Exliebe wiedergewinnen ...
und zusammenbleiben!

Zusätzlich zur ausführlichen Schritt-für-Schritt Anleitung aus dem bekannten Titel „Allein gelassen ? Die Exliebe wiedergewinnen" enthält dieser Ratgeber genaue Erläuterungen, wie aus Ihrer wiederhergestellten Beziehung eine dauernde Partnerschaft wird: Mehr als 25 konkrete Einzelratschläge zum täglichen Zusammensein unterstützen Sie, ein langes und glückliches Leben zu zweit aufzubauen. 2. Auflage 2009 · 12 x 19 cm · Euro 11,90 · ISBN 978-3-8330-0692-0. Kurzausgabe: **Allein gelassen? Die Exliebe wiedergewinnen...und die 10 wichtigsten Tips zum Zusammenbleiben!** 2008 · Euro 9,90 · ISBN 978-3-8370-6876-4

Deutscher Patentschutz für 40 Euro
Wie Ihre kleinen Ideen & Erfindungen großes Geld verdienen

Irgendwann hat jeder eine gute Produktidee. Doch Gelderfolg stellt sich selten ein, weil wertvolles geistiges Eigentum ungeschützt bleibt: „...Zu kompliziert, zu teuer.." lautet meist die Begründung. Dabei ist echter deutscher Patentschutz bereits für 40 Euro erhältlich: Bis zu 10 Jahre lang, und ohne Anwaltszwang. Hier wird das offizielle Patentamts-Verfahren samt dem einfachen Antrag leichtverständlich vorgestellt. 2. akt. Auflage 2009 · DIN A5 · Euro 7,95 · ISBN 978-3-8334-2638-4. Auch in englischer Sprache erhältlich.

Ein gebrauchtes Auto kaufen
Die wichtigsten Tips & Tricks für Nicht-Techniker

Auf dem Privatmarkt gibt es häufig bessere und günstigere Angebote als beim Händler – wenn man sich nur ein wenig auskennt. Aber wie finden sich die guten Angebote unter den zahlreichen fragwürdigen? Hier erfahren die Leser wichtige Tips & Tricks vom Diplom-Ingenieur und können viel Geld sparen: 1. Welche Anzeigen Sie besser nicht anrufen. 2. Wie Sie geschickt mit dem Verkäufer umgehen. 3. Wie Sie versteckte Mängel entdecken. 2007 · DIN A5 · Euro 7,95 · ISBN 978-3-8334-9079-8

Frauen zum Heiraten verführen

Heiraten – das höchste Ziel einer guten Partnerschaft auf ihrem Weg zur besten. Doch wenn „die Beste von allen" noch nicht so recht überzeugt ist, dann hilft dieser Ratgeber dem modernen Mann: Für zahlreiche Alltagssituationen erfährt der Leser leicht verständliches und einfach anzuwendendes, psychologisches Know-How, um in ihrem Kopf die Hochzeitsgedanken hüpfen zu lassen: So schön kann Zweisamkeit werden. 2010 · 12 x 19 cm · Euro 8,90 · ISBN 978-3-8391-1885-6

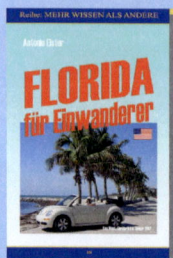

Florida für Einwanderer

Sonne, Palmen und Meer – damit ist für die meisten Menschen Florida, der tropische Bundesstaat der USA, beschrieben. Doch wer hier länger leben möchte als 2 Wochen, wer vielleicht gar Resident sein möchte, dem nutzt das typische Urlaubswissen nur wenig. In diesem Ratgeber wird Florida für Einwanderer beschrieben: Seine Geographie, das Klima, die Wirtschaft und Politik. Danach erfahren Sie alles Nötige über das Wohnen, Arbeiten, die Steuern und vieles mehr aus erster Hand. 2009 · DIN A5 · Euro 9,95 · ISBN 978-3-8370-8866-3

Dick sein – Nein Danke!

Schlank werden und sein – für viele moderne Menschen ein Dauerthema. Dabei ist Abnehmen viel einfacher als die Meisten glauben: Jeder Körper kann auf ein frei gewähltes Wunschgewicht „eingestellt" werden. Leichtverständliche Kenntnisse reichen aus, denn die mächtige MMF-Regel macht es möglich: Schöner, gesünder und sogar kostengünstiger leben, kurz: Endlich glücklich sein. Hier erfahren Sie das Grundgesetz jedes Schlankseins – ohne Kosten zum Sofortstart geeignet. 2010 · 12 x 19 cm · Euro 8,95 · ISBN 978-3-8391-0921-2

Wegziehen in die USA
Das Wichtigste zu Visa, Wohnung, Arbeit, Auto, Finanzen

Die USA sind Top-Einwanderungsziel unserer Erde. Dieser Ratgeber ist die Basis für den ersten Schritt in das Land der unbegrenzten Möglichkeiten. Konkret wird der Leser über die wichtigsten Fragen informiert: Visaarten, Kauf und Miete von Wohnung und Haus, Stellensuche, Selbstständigkeit, Autokauf und Finanzen werden zu einem günstigen Preis nahegebracht. 2002 · DIN A5 · Euro 6,95 · ISBN 978-3-8311-4048-0.

Der richtige Lizenzvertrag für Patent-Inhaber und Erfinder

In „Deutscher Patentschutz für 40 Euro" wird gezeigt, wie das eigene geistige Eigentum zügig und kostengünstig beim Deutschen Patentamt geschützt wird. Doch wie erhält man dann einen Lizenzvertrag ? Und was gehört hinein ? Hier wird ein echter Vertrag zwischen Erfinder und Produktionsunternehmen Punkt für Punkt vorgestellt und erläutert. So erhalten Sie wertvolle Unterstützung, um bares Geld zu sparen und zu verdienen: Bei Lizenzgebühren, Anwaltsauslagen und durch Erinnerung an Vertragsrisiken, an die nicht jeder denkt. 2009 · DIN A5 · Euro 9,95 · ISBN 978-3-8370-8867-0

Männer zum Heiraten verführen. 40 Do's & Don'ts

Heiraten – für viele Frauen das romantischste Ziel einer guten Partnerschaft auf ihrem Weg zur besten. Doch falls „der Beste von allen" noch nicht so recht überzeugt ist, oder die Beziehung noch etwas Feinschliff benötigt, dann hilft dieser Ratgeber der modernen Frau. In 40 Einzelpunkten erfährt die Leserin leicht verständliches und einfach anzuwendendes psychologisches Wissen, um in seinem Kopf die Hochzeitsgedanken hüpfen zu lassen. 2003 · 12 x 19 cm · Euro 8,90 · ISBN 978-3-8311-4235-4

Auswandern. Die menschliche Seite.

Hier wird die menschliche, die emotionelle Seite einer Auswanderung geschildert: Warum und wieso eigentlich weg aus Deutschland ? Wie steht der Partner dazu ? Und was wird aus der Beziehung in der Ferne ? Die wahren Erlebnisse eines jungen Paares aus Deutschland – erst ins entfernte Neuseeland, dann in die USA – faszinieren und machen gleichzeitig nachdenklich: Innig liebend zu zweit, plötzlich allein und verlassen, dann zwei neue »Love Birds« in einem neuen, traumhaften Leben: Wer nicht aufgibt, der erreicht seine Ziele. 2010 · 12 x 19 cm · Euro 9,95 · ISBN 978-3-8370-9291-2

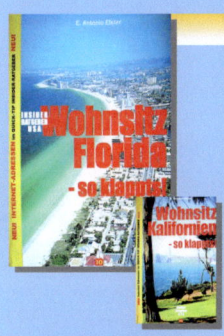

Wohnsitz Florida – so klappts!

Um sich in den USA erfolgreich niederzulassen, sei es zeitweilig oder permanent, ist viel amerikanisches Know-how notwendig. Die Wohnsitz-Ratgeber über Florida und Kalifornien sind umfassende, detaillierte Handbücher zu dem jeweiligen US-Bundesstaat: Visamöglichkeiten, Hauskauf, Autokauf, Steuern, Stellensuche - kurz, das komplette Gewusst-Wie zum Leben genießen in den USA erfährt der Leser aus erster Hand. Ebenso enthalten sind viele ausgewählte Tips, Anschriften und Internetadressen, wie sie nur die Praxis liefern kann. **Florida:** 2000 · DIN A5 · Euro 15,29 · ISBN 978-3-89811-216-1 **Kalifornien:** 2000 · DIN A5 · Euro 15,29 · ISBN 978-3-8981-1332-8

100 verblüffende Autogeheimnisse

Nur wenige Menschen ahnen, welche verblüffenden Geheimnisse die erfolgreichste Maschine der Erde verbirgt. In diesem Buch wird erstaunliches Auto-Wissen leicht verständlich vorgestellt. Wer sich nicht sicher ist, wieviel PS ein Pferd hat, wie ein Kühler in 5 Minuten selbst repariert wird, ob die „James-Bond-Wende" wirklich funktioniert, daß Autos viel grüner sind als ICE-Züge...und weitere 96 Tatsachen wissen möchte, die üblicherweise Kfz-Ingenieuren vorbehalten bleiben – der erfährt hier weithin unbekannte Eigenschaften unserer Autos. 2002 · DIN A5 · Euro 15,90 · ISBN 978-3-8311-1826-7

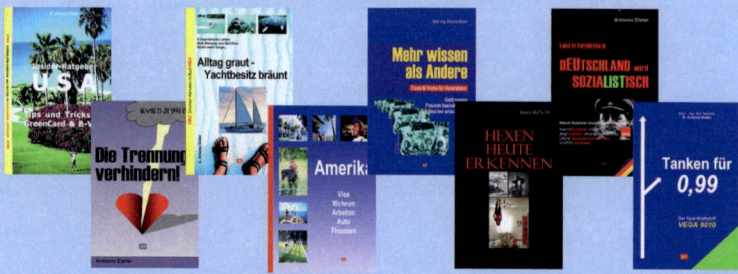

Unsere Special-Interest Seller

▶ **Tips & Tricks zu GreenCard und B-Visa** Die USA sind Top-Einwanderungsziel unserer Erde. Dieser Ratgeber informiert alle Menschen, die sich zeitweise oder permanent dort niederlassen möchten über die beiden gängigsten Visaformen. Er erklärt die Unterschiede zwischen GreenCard und B1/B2 Visum, und worauf es bei den amerikanischen Behörden bei der Beantragung ankommt. 2000 · DIN A5 · Euro 6,60 · ISBN 978-3-89811-159-1

▶ **Bevor es zu spät ist. Die Trennung verhindern** Wenn zu spüren ist, daß die Liebe zur Tür hinaus will, dann ist es höchste Zeit zu reagieren. Doch wie können Sie Ihre Beziehung noch retten ? Hier erfahren Sie mehr als 30 wertvolle Tips aus der praktischen Psychologie, damit Ihr Partner seine Trennungsgedanken noch einmal überdenkt. Bevor es zu spät ist, können Sie mithilfe dieses Ratgebers einen fundierten Rettungsversuch für Ihre Beziehung unternehmen. Gleichzeitig legen Sie die Grundsteine für eine lange und glückliche Beziehung – gerade jetzt, wenn es so gar nicht danach ausschaut. 2009 · 12 x 19 cm · Euro 8,95 · ISBN 978-3-8370-8865-6

▶ **Alltag graut – Yachtbesitz bräunt** „Durchschnitts-Landratte wird Schiffsbesitzer" - wer hat davon noch nicht geträumt? Hier ist der Beweis, daß wirklich jeder Mann oder ein neues Leben beginnen kann. Spannend und unterhaltsam werden die Erlebnisse eines völlig boots-unerfahrenen Menschen aus Deutschland erzählt – auf seinem Weg zum süßen, unbeschwerten Leben auf der eigenen Yacht in Florida: Ab sofort ist jedes Jahr das beste Jahr. 2000 · 12 x 19 cm · Euro 12,74 · ISBN 978-3-8981-1334-2

▶ **Amerika: Visa•Wohnen•Arbeiten•Auto•Finanzen** Aufbauend auf „Wegziehen in die USA" liefert dieser Ratgeber noch detailliertere USA-Informationen, die weit über das übliche Urlaubswissen hinausgehen: Visaformen, Hauskauf und Anmietung, Stellensuche, Firmengründung, Autokauf, Führerscheine, Banken und Steuern. 2001 · DIN A4 · Euro 9,95 · ISBN 978-3-8311-1922-6

▶ **Tipps & Tricks für Autofahrer** Praktisches Auto Know-How spart Geld im Alltag, hilft weiter und macht Spaß – besonders, wenn es sogar manchem Automechaniker unbekannt ist: Hier werden verblüffende Tips & Tricks rund um das Auto vorgestellt, die jeder Mann und jede Frau anwenden kann. So wird das Konto bei Reparaturen und beim Gebrauchtwagenkauf geschont, und der Leser weist sich bei Freunden und Bekannten als gewiefter Fachmann aus. 2004 · DIN A5 · Euro 5,95 · ISBN 978-3-8334-0764-2

▶ **Hexen heute erkennen** Viele Menschen wissen intuitiv: In unserer Welt existieren Kenntnisse und Fähigkeiten, die den Wissenschaften verborgen bleiben, und von denen nur wenige zu träumen wagen: Wirkliche Hexen sind unter uns. Daß die klugen Zauberinnen, zu unrecht oft als „böse" abgestempelt, heutzutage nicht als alte Frauen mit schwarzer Katze auftreten, ist vielen klar. Doch wie sind sie dann auszumachen? Und sollte man das überhaupt versuchen? 2005 · 12 x 19 cm · Euro 8,90 · ISBN 978-3-8334-3192-0

▶ **Land in Feindeshand – Deutschland wird sozialistisch** Viele Anzeichen der deutschen und europäischen Politik geben Anlaß zu Sorge: Um die persönliche Freiheit, um persönliches Eigentum und um die kommende Generation. Zeichen totalitärer Prinzipien und Denkweisen verstärken sich. Zieht schon wieder der häßliche und latent kriminelle Sozialismus auf? 2003 · 12 x 19 cm · Euro 9,90 · ISBN 978-3-8330-0485-8

▶ **Tanken für 0,99 (DM)** Für alle Dieselfahrer und an Technik interessierte Menschen: Dieselmotoren sind Mehrstoffmaschinen, die mit verschiedenen Kraftstoffen zuverlässig arbeiten. Wie und wo das eigene Diesel-Fahrzeug mit VEGA 9010, dem günstigen, überall erhältlichen und umweltfreundlichen Spar-Kraftstoff betankt wird, das beschreibt dieser Ratgeber. Ohne Umbaukosten! 2001 · 12 x 19 cm · Euro 9,95 · ISBN 978-3-8311-2173-1